YA NOS HERIMOS, ¿AHORA QUÉ HACEMOS?
Sanación Interior de las Heridas de Pareja

Rafael A. Abreu

Ya nos herimos, ¿ahora qué hacemos?
Sanación Interior para Heridas de Parejas

Primera edición: junio 2019.

Derechos Reservados © 2019, Rafael A Abreu

ISBN: 978-0-244-78491-1

Impreso en USA

Contacto:
786-580-9990

Instagram:
@nombrarparasanar

Editorial Lulu
www.lulu.com

*Para las parejas que buscan
sanar su relación
y nunca se dan por vencidas.*

CONTENIDO

INTRODUCCIÓN, 11.

PRIMERA PARTE
EL ANTES
¿Qué existía antes de la relación?
19

Capítulo 1: ¿Quién eres?, 21.

Capítulo 2: ¿Qué hay en las cabezas de hombres y mujeres?, 33.

Capítulo 3: Heridas Anteriores, 49.
  Heridas con uno mismo, 50.
  Heridas con los padres, 57.
  Las cinco heridas básicas, 67.
   Herida de Rechazo, 68.
   Herida de Abandono, 71.
   Herida de Humillación, 73.
   Herida de Traición, 74.
   Herida de Injusticia, 76.

Capítulo 4: Modelos de Parejas, 81.

SEGUNDA PARTE
EL DURANTE
¿Qué sucede durante la relación?
93

Capítulo 1: Etapas de la Relación, 97.
El enamoramiento, 97.
La decisión de amar, 99.
Y llegaron los hijos, 101.
Síndrome del nido vacío, 103.
Menopausia y Andropausia, 104.
La vejez, 107.

Capítulo 2: Herida de Infidelidad, 109.
Falsos mitos sobre la Infidelidad, 112.
Posibilitantes de la Infidelidad, 116.
Sugerencias para ser Fieles, 121.

Capítulo 3: Sexualidad e Intimidad, 135.
Sexualidad: entre morbo, tabú y mística, 136.
Sexualidad Herida, 143.
Sugerencias para una vivencia sexual plena, 162.

Capítulo 4: La "noche oscura" de las Relaciones, 165.

TERCERA PARTE
EL DESPUÉS
¿Hay vida después del divorcio?
177

Estadísticas sobre el Divorcio, 178.
Principales causas del Divorcio, 180.
¿Qué hacer después del Divorcio?, 183.

CONCLUSIÓN, 191.

INTRODUCCIÓN

"Ya nos herimos, ¿ahora qué hacemos?". Tienen varias opciones: herirse más y separarse, hacer como que nada a pasado y seguir juntos, o aprovechar esta oportunidad para una revisión profunda de sus cimientos e historias personales y relacionales. Una herida puede ser una magnífica, aunque dolorosa, oportunidad para discernir, trabajar y sanar en el proyecto de la pareja. La herida te saca de la rutina y la mediocridad, te trae al presente y despierta tu conciencia adormilada; es un golpe fuerte en el corazón de la relación que la despierta, evidencia y llama a la conciencia, a caer en la cuenta. La herida puede ser una invitación al crecimiento, maduración y sanación profunda de tu relación.

Para esa revisión y sanación profunda de la relación, te sugiero trabajemos varias cuestiones fundamentales: ¿Cómo sanar tu relación de pareja? ¿Por qué tu pareja piensa de esa manera tan distinta a la tuya? ¿Por qué tu pareja es tan celosa, controladora y posesiva? ¿Por qué a tu pareja le cuesta tanto sanar y superar la infidelidad? ¿Cómo sanar la infidelidad? ¿Cómo ser fieles? ¿Cómo mejorar la comunicación? ¿Cómo pasar del "sexo" a la "intimidad"? ¿Cómo orar en pareja? ¿Cómo perdonar y sanar todo el daño que tu pareja o ex-pareja te ha provocado? ¿Cómo sanar después de la separación y del divorcio? A todas estas preguntas y a muchas otras te respondo en este libro de manera profunda, práctica y eficaz.

Este libro se divide en tres partes: 1) antes de la relación; 2) durante la relación; y, 3) después de la relación.

La primera parte gira en torno a la pregunta ¿qué existía antes de la relación? Pregunta a la que te respondo en cuatro capítulos: 1) ¿Quién eres?; 2) ¿Qué hay en cabezas de hombres y mujeres?; 3) heridas anteriores; y, 4) modelos de pareja.

Antes de tu relación de pareja eras un hombre o mujer con una configuración mental determinada, con heridas anteriores en la relación contigo mismo y con tus padres, que fuiste asimilando diversos paradigmas de la vida en pareja. En el momento de elegir una persona para formar pareja, todas esas realidades y antecedentes existenciales, psicológicos, neurológicos, familiares y ambientales influyeron en ti, consciente o inconscientemente. Muchas de tus actuales heridas y problemas de pareja se pueden comprender y superar mejor a la luz de esa historia previa.

La pregunta que encabeza la segunda parte es la siguiente: ¿Qué sucede durante la relación? Pasan muchas cosas. Entran en escenario muchos temas. Imposible abordarlos todos en un libro. Te propongo centrarnos en cuatro realidades desde las cuales podremos entrar en contacto con raíces esenciales de lo que está dañado en tu relación: 1) etapas de la relación; 2) problemas de infidelidad; 3) sexualidad e intimidad; y, 4) la "noche oscura" de las relaciones.

La relación de pareja, como toda realidad humana, tiene etapas, procesos, crisis. No todo será siempre igual. A través del primer capítulo de esta segunda parte te invito a reconocer las diversas etapas de tu relación y a vivir duelos de etapas. Cada etapa tiene sus retos y fantasmas, pero también sus encantos y oportunidades.

Una de las heridas más profundas y destructivas que puede darse en el seno de una relación es la infidelidad. Lo afecta y enferma prácticamente todo. Cómo lastima la infidelidad y cómo superarla son puntos esenciales del segundo capítulo.

En el tercer capítulo te invito a una revisión y sanación profunda de tu afectividad y sexualidad, para lograr una verdadera y profunda intimidad en tu relación. El cuarto capítulo de esta segunda parte contiene quizá el tema más original de este libro: "La 'noche oscura' de las relaciones". ¿En qué consiste la "noche oscura" de tu relación?, ¿cómo discernirla y vivirla?

¿Hay vida después del divorcio? Así titulamos la tercera y última parte. Después de la separación quedan muchas secuelas, heridas y temas pendientes. ¿Qué hacer? Aprovechar esa oportunidad para re-encontrarte contigo, trabajar y sanar tus heridas, profundizar en tu relación con Dios, aprender a disfrutar tu soledad.

Antes de comenzar la lectura, invoca siempre la presencia iluminadora y sanadora del Espíritu Santo.

Él te irá guiando. Invoco sobre tu relación la Presencia amorosa del hálito divino, que su bocanada de aire fresco recorra toda tu relación. ¡Que la *llama de amor viva* del *dulce huésped del alma* y *cirujano de profundidades*: sane, purifique, hermosee y plenifique tu relación!

PRIMERA PARTE
EL ANTES
¿Qué existe antes de la relación?

¿Qué existe antes de la relación?

¿Qué existe antes de la vida en pareja? Existes tú y tus circunstancias personales, familiares y ambientales. Las personas no comenzamos a existir cuando entramos a una relación de pareja.

Existíamos desde mucho antes: en la mente divina, en el vientre materno, en la niñez, en la adolescencia, posiblemente en una anterior pareja... Y, todo ello nos ha marcado, para bien o para mal. Somos el resultado del conjunto de todas las realidades, vivencias y experiencias anteriores. No somos una página en blanco. Ya venimos con letras, borrones, garabatos...

Todo ello influirá, consciente o inconscientemente, en lo que será tu posterior elección y relación de pareja. Muchas de las heridas y conflictos de las parejas tienen su explicación y raíz más profunda en esa "pre-historia relacional".

¿Por qué tu pareja se comporta de esa manera tan irracional?

¿Por qué le cuesta tanto ceder en una discusión?

¿Por qué se deprime tanto ante ciertas circunstancias?

¿Por qué es tan poco resiliente?

¿Por qué se hiere con tanta facilidad?

¿Qué rechaza cuando te rechaza?

¿Por qué tiene tanto miedo al abandono?

¿Por qué tu pareja es tan perfeccionista?

¿Por qué tu esposa es tan co-dependiente?

¿Por qué tu esposo es tan controlador?

Podremos encontrar muchas respuestas a esas preguntas en el "antes" de la relación.

CAPÍTULO I
¿Quién eres?

Antes que esposo/a eres una persona humana, con todas sus implicaciones. Eres una persona concebida amorosamente en la mente divina muchísimo antes de ser procreada por tus padres. La primera pregunta que hemos de formular en este capítulo se refiere justamente a esa condición humana esencial:

> **¿Quién eres?**

La pregunta sobre la propia identidad debe estar siempre enmarcada entre otras dos preguntas:

> **¿De dónde vienes?**
> **¿A dónde vas?**

Si no sabes quién eres, de dónde vienes, a dónde vas, ¿cómo pretendes saber quién es tu pareja, de dónde vienen sus problemas y conflictos más profundos?, ¿cómo saber hacia dónde va tu relación?

La primera pregunta sobre la relación debería ser la pregunta por uno mismo. No existe sanación interior profunda, personal o de pareja, sin conocimiento propio. El propio conocimiento debe anteceder, acompañar y suceder la dinámica de la sanación interior. Una gran dificultad para sanar es justamente la ignorancia de nosotros mismos. Después de años de ser nosotros, caemos en la cuenta, hacemos conciencia, de que no nos conocemos.

El conocimiento propio es algo dado por supuesto. Creo conocerme cuando no me pregunto sobre mí mismo. Cuando lo hago, ya no sé quién soy.

Después de años conviviendo con alguien, siempre nos sorprenden algunas actitudes, reacciones, opciones, ideas, deseos... Pensamos que conocíamos a esta o aquella persona y resulta que no. A la vuelta de la esquina nos llevamos una gran sorpresa. A muchas esposas he escuchado decir: *"Pensé que conocía a mi esposo, pero me doy cuenta de que no"*. Muchos hombres comentan: *"Me casé con una mujer y ahora parece que vivo con otra"*.

No es que convivamos con una persona distinta, sino con la misma persona, que ahora se comporta de una manera diferente y manifiesta intereses anteriormente desconocidos por nosotros. ¿Será uno de los resultados de casarse cuando se está en la ilusión del enamoramiento sin esperar a madurar la relación y el conocimiento del otro?

Lo que nos pasa con los otros, sucede también con nosotros mismos. ¡Tanto tiempo "siendo yo" y creyendo conocerme; y, sin embargo, termino sorprendiéndome a mi mismo sobre mí! Con el tiempo emergen tendencias ocultas, surgen sentimientos desconocidos, afloran emociones olvidadas, germinan deseos ignorados, brotan pensamientos "impensables"... nos descubrimos "otros", muy "distintos" a nuestras auto-concepciones y prejuicios.

Quizá no tan "otros", tal vez sólo estamos siendo nosotros mismos, sin máscaras. Tal vez, simplemente, nuestras "zonas oscuras", nuestras "sombras", nuestros "islotes irredentos" y nuestra amplia dimensión inconsciente emergen con fuerza.

¡Cuántas veces nos sorprendemos a nosotros mismos con actitudes, pensamientos, sentimientos, emociones, sensaciones y deseos ante los cuales sólo nos queda exclamar: "*¡Pero, si yo no soy así, no sé qué me pasa!*".

Satanizarnos, condenarnos y juzgarnos sería el camino fácil, pero infructuoso, de la negación, evasión, proyección, racionalización, represión y "pseudo-espiritualización".

Eschucharnos desprejuiciada y desnudamente, teniendo la osadía de la honestidad y transparencia para con nosotros mismos, es un camino más empinado, pero decididamente más fructífero y sanador. ¡Necesitamos escucharnos!

Saber escucharnos, interpretar el lenguaje callado de nuestro psiquismo y cuerpo, es sumamente importante para personas que desean ser la mejor versión de sí mismas.

¡Quién no es capaz de escucharse tendrá serios problemas para escuchar a Dios! Escuchándonos aprendemos a escucharlo a Él, y viceversa. Juzgar, moralizar y condenar no sólo acalla las propias voces interiores, sino que también amordaza un formidable canal de manifestación divina.

La ciencia ha buscado un conocimiento empírico y contrastable de la persona humana en lo cuantificable, lo medible. Pero, podríamos conocer todo lo "demostrable", "medible" y "cuantificable" de alguien, todo lo científicamente "comprobable" (estatura, peso, color, procedencia étnica, ADN, composición química, estructura molecular y biológica, edad, etc…); y, aún así, no tener ni idea de quién es realmente esa persona: cómo piensa, qué le apasiona, qué le mueve, la razón de su conducta...

La sanación interior amerita que, dentro de tu grandeza, conozcas tus miserias. Tu grandeza pasará, justamente, por conocer tu propia miseria y reconciliarte con ella.

No existe sanación interior cuando nos enfocamos en las miserias del otro. Sólo la conciencia de la propia miseria abre el horizonte y senda de la misericordia sanadora.

Somos un misterio para nosotros mismos. Nunca terminaremos de conocernos. El conocimiento propio es un horizonte siempre abierto. El objetivo no será terminar de conocernos totalmente.

En las coordenadas históricas, espacio-temporales, nadie logrará conocerse totalmente. Eso sólo será posible en el cielo, donde nos conoceremos tal y como somos conocidos por Dios. Simplemente, nos corresponde comenzar conscientemente el proceso. Culminar el proceso es prerrogativa divina.

A propósito de ese proceso de auto-conocimiento, Agustín de Hipona, en sus Confesiones, reconocerá: *"Me he convertido en pregunta y enigma para mi mismo y esto es lo que me agota."* Conocernos, al menos intentarlo, agota.

Para el gran filósofo alemán Immanuel Kant, la pregunta *"¿qué es el hombre?"* abarca todas las otras preguntas filosóficas posibles.

Desde la fe cristiana creemos que sólo podemos conocernos en profundidad a la luz de Jesús. Él es el espejo y modelo de todo conocimiento personal profundo. Verte en el espejo iluminado y enamorado de su mirada te dará una perspectiva adecuada de quién eres realmente y de quién puedes llegar a ser. En la luz amorosa de su mirada se ilumina el pasado, se clarifica el presente y se alumbra el futuro.

Teresa de Jesús, en su obra cumbre *"Moradas del Castillo Interior"*, dirá que no conocernos es "lástima", "confusión" y "bestialidad". En el libro de las *"Fundaciones"* expresa lo siguiente: *"Y tengo por mayor merced del Señor un día de propio y humilde conocimiento, aunque nos haya costado muchas aflicciones y trabajos, que muchos de oración"*.

Nótese la referencia a las dificultades, *"aflicciones y trabajos"*, que conlleva el conocimiento propio. Conocernos implicará mucho valor, determinación y honestidad.

Juan de la Cruz, gran conocedor de la persona humana, nos invita a realizar un viaje, una "salida", hacia lo interior de nosotros mismos, en un proceso de "conocimiento experiencial", a través de una intensa relación de amor con el *Amado* divino. Intuición compartida, a modo de exhortación, por

Agustín de Hipona: "*No vayas hacia fuera, entra en ti mismo; en el hombre interior habita la verdad*".

¡Dentro también habita la mentira! ¡Habita lo realmente determinante para realizarnos o frustrarnos como proyecto humano! ¡Cuántas veces nos desgastamos buscando fuera lo que sólo podremos encontrar dentro!

Tienes dentro de ti todo lo necesario para ser feliz. No busques pretextos y justificaciones externos para tu infelicidad.

Hay de todo en la complejidad laberíntica del corazón humano: trigo y cizaña; corderos y lobos; ángeles y demonios; cielo e infierno; gloria y pena; virtudes y pecados; zonas evangelizadas e "islotes irredentos"; luces y sombras…

En el proceso de conocimiento propio profundo, nos daremos cuenta de la "contaminación" y "ambigüedad" de muchas de nuestras intenciones. Lo que realmente nos mueve puede ser muy distinto y hasta opuesto a lo que pensamos que lo hace. En el fondo, ¿por qué hacemos lo que hacemos?, ¿con qué finalidad lo realizamos? Las motivaciones necesitan ser purificadas y renovadas constantemente. Para renovarlas debemos conocerlas.

En la vida real se da con frecuencia un desfase, un salto, un abismo, una profunda incoherencia, entre lo que somos (realidad) y lo que estamos llamados a ser (posibilidad); entre la realidad y el ideal; entre el "ser" y el "deber ser".

Ilustremos con una historia:

José Agustín es un hombre "felizmente casado". Tiene una esposa adorable que lo ama con locura. Él la adora. Daría la vida por su esposa sin pensarlo dos veces. Tienen dos hijos. Ambos ya en la universidad. Aparentemente, todo va bien entre ellos. Se podría decir que son una pareja "exitosa". Sin embargo, de vez en cuando, José Agustín, presa de una ansiedad hambrienta de no sabemos qué, ha desarrollado una adicción a la pornografía. Alguna vez, incluso, ha pagado por sexo. Esperanza, su esposa, nunca se ha enterado. Sería para ella un golpe mortal.

Martillado por el impacto moral, José Agustín busca un confesor con frecuencia. Tras cada confesión, su conciencia se tranquiliza y la ansiedad disminuye. Pero, pasadas dos o tres semanas, el ciclo comienza de nuevo: ansiedad, pornografía, confesión.

Este hombre no se está tomando en serio a sí mismo, no se está escuchando. Por medio de la adicción, su afectividad enferma le grita cada vez más fuerte. Él moraliza y se auto-condena cada vez más cruelmente. ¡Es un diálogo de sordos destinado al fracaso! ¡Su inminente caída es un secreto a voces!

La moralización, el juicio, la condena, no le dejan escuchar sus propios gemidos ahogados entre látigos de auto-censura. ¿Cuál sería la manera adecuada de proceder en atención a una superación de la situación? ¡Escucharse! ¿Qué le está diciendo esa situación "incoherente"? ¿Qué le dice Dios a través de esa situación?

Todo comenzó hace ya mucho tiempo. Cumplía 18 años. Su papá, un hombre complaciente, permisivo y enfermo sexual, le quiso hacer un regalo "especial" de cumpleaños. Lo llevó a un prostíbulo. ¡Supuestamente para "hacerlo hombre"!

En las penumbras tristes de un tugurio de mala muerte quedó la "virginidad" de José Agustín. ¡No había sido lo único perdido! Desde entonces se hizo habitual de esos lugares. A la vez que su dinero, entre sábanas húmedas y paredes cómplices, dejaba la posibilidad de una sana sexualidad con su futura pareja.

José Agustín y Esperanza tenían serios problemas de comunicación, lo que se manifestaba en los intentos fallidos de una real intimidad entre ellos. Tenían con frecuencia "contacto genital", pero no "intimidad". Después de tener relaciones sexuales, siempre quedaba una triste sensación de carencia, vacío, insatisfacción. Lo peor: nunca hablaban de estas cosas.

En un diálogo informal salió el tema. Lo primero que intentó José Agustín fue juzgarse y condenarse, porque *"yo no soy así"*; *"eso no me puede estar pasando a mí."* Le invité a prestarse más atención, tomarse en serio a sí mismo, interpretar el lenguaje de la propia miseria, aguzar el oído interior para escuchar las voces ahogadas de su historia personal.

Reconociendo los gemidos pendientes de su historia, se encontró consigo mismo. Confesión sacramental, terapia psicológica y acompañamiento espiritual, fueron claves fundamentales en el proceso de sanación de José Agustín. Todo partió, por supuesto, de un más profundo conocimiento propio desde la escucha atenta a sí mismo.

El proceso del conocimiento propio implicará volver sobre nuestra historia personal. ¡Será necesario "desandar" nuestros pasos para poder avanzar! No se trata de volver al pasado para quedarnos allí anclados. Todo lo contrario, buscaremos iluminar y sanar el pasado, en el presente, para poder forjar un mejor futuro.

CAPÍTULO II
¿Qué hay en las cabezas de hombres y mujeres?

En la actualidad existen muchos estudios científicos, neurológicos, sobre las diferencias entre los cerebros femenino y masculino. Estas diferencias no justifican nuestras heridas en la relación, pero sí pueden ayudar a comprendernos mejor; y, por consiguiente, superar y prevenir situaciones desagradables e hirientes.

Las mujeres suelen tener muchas preguntas sobre los hombres:
¿Por qué les cuesta tanto expresar sus sentimientos?
¿Por qué no le gusta conversar sobre nuestra relación?
¿Por qué se le olvidan nuestras fechas especiales?
¿Por qué le cuesta tanto escuchar?
¿Por qué no es capaz de hacer varias cosas a la vez?
¿En qué o en quién estará pensando cuando me dice que no está pensando en nada?

Los hombres también suelen tener sus inquietudes:

¿Por qué las mujeres lo "sentimentalizan" todo?
¿Por qué y para qué van juntas al baño?
¿Por qué les cuesta tanto expresar con claridad lo que desean?
¿Por qué mi mujer habla tanto?
¿Por qué mi mujer puede hacer varias cosas a la vez?
¿Por qué mi esposa recuerda todo con absoluto detalle después de tantos años?

Un acercamiento neurológico a las cabezas de hombres y mujeres nos puede ayudar a comprender las cuestiones planteadas en las anteriores preguntas.

El cerebro humano se divide en dos mitades: *hemisferio izquierdo* y *hemisferio derecho*. Ambos hemisferios están conectados entre sí por un *cuerpo calloso* formado por millones de fibras nerviosas que recorren todo el cerebro.

El hemisferio derecho coordina el movimiento de la parte izquierda de nuestro cuerpo y el hemisferio izquierdo coordina el movimiento de la parte derecha. Cada hemisferio está especializado en funciones diferentes.

Funciones del hemisferio derecho:
Percepción y orientación espacial.
Capacidad musical.
Creatividad.
Imaginación.
Pensamiento holístico.
Intuición.
Arte.

El hemisferio derecho es:
Descriptivo.
Concreto.
Operativo.
Lúdico.
A-temporal.
Existencial.
Simbólico.
Cualitativo.
Analógico.
Metafórico.
Subjetivo.
Sentimental.

Implícito.
Su especialidad es la expresión no-verbal.
Piensa y recuerda en imágenes.

Funciones del hemisferio izquierdo:
Habla.
Lenguaje.
Lectura.
Escritura.
Capacidad de análisis.
Razonamientos lógicos.
Deducciones.
Abstracción.
Problemas numéricos.

El hemisferio izquiero es:
Explicativo.
Detallista.
Realista.
Explícito.
Analítico.
Su especialidad es la expresión verbal.

Proporcionalmente, el hemisferio izquierdo es un poco más grande en las mujeres y el derecho es un poco más grande en los hombres. Lo que explica por qué las mujeres tienen más habilidades verbales y los hombres mejor desempeño con los espacios.

La mujer utiliza más, simultáneamente, ambos hemisferios, ya que su *cuerpo calloso* es 20% más grande que el masculino. Tiene mejor conexión cerebral. ¡Su señal de *Wifi* para la comunicación de ambos hemisferios es mucho más potente!

El cerebro femenino está predispuesto al desarrollo verbal y auditivo mucho más rápido que el cerebro masculino, por eso la mujer suele hablar y escuchar mejor que el hombre. El cerebro de la mujer es mucho más activo e intenso que el masculino; por eso, normalmente, la mujer tarda más tiempo en dormirse que el hombre.

Las configuraciones cerebrales masculinas y femeninas dan cuenta de por qué el hombre cuando habla suele expresar más pensamientos que sentimientos, por medio de la utilización de un promedio de 3000 palabras diarias; mientras que en la mujer la expresión de sentimientos tiene el primado sobre la verbalización de pensamientos;

para lo cual suele requerir un promedio de 8000 palabras por día. Los diálogos de un hombre suelen comenzar: "Yo pienso...". Los diálogos de una mujer normalmente inician: "Yo siento...".

Si el hombre agotó en el trabajo sus 3000 palabras, cuando llegue a casa le costará expresarse con profusión lingüística. Lo que llegará a casa será un mudo. Si la mujer no ha agotado sus 8000 palabras experimentará una necesidad imperiosa de hablar, "desahogarse". De ahí la queja de tantas mujeres porque, a su parecer y según su percepción, es imposible dialogar con sus hombres. No menos común es el lamento de muchos hombres por haberse casado con una máquina indetenible de expresión lingüística.

Ante los problemas, normalmente, los hombres se encierran en sí mismos; mientras que las mujeres prefieren hablar. El gran reto para las mujeres es saber cómo ayudar a un hombre mudo, que no habla, que no se expresa. Mientras que el reto para muchos hombres quizá consista en encontrar la forma de callar a su mujer.

Las mujeres suelen interpretar el silencio de su esposo de la siguiente manera: *"No me ama"*, *"ya no le importo"*, *"ya no me quiere"*, *"tiene otra"*. Podría tratarse de eso; o, simplemente, que está en su caja vacía, en su cueva, en su natural mudez.

La mujer suele hablar de manera asociativa. Yo diría que tiene un método comunicacional informal de "asociación libre": va asociando y relacionando diversos temas, ámbitos y contextos; sin que exista, necesariamente, conexión lógica, racional y evidente entre ellos. El símbolo de la comunicación femenina podría ser un espiral: se comienza en un punto determinado y se va ampliando progresiva y caóticamente. ¡Otro símbolo podría ser una tela de araña!

Repito: en un diálogo informal. No estoy diciendo, bajo ningún concepto, que las mujeres no tengan capacidad para expresar un pensamiento sólido, bien estructurado y lógico.

La mujer siempre esperará, consciente o inconscientemente, ser "adivinada" por su pareja. Como aquella señora que le decía a su esposo: *"No sé lo que quiero, pero lo quiero ya*". En la mujer es más fácil encontrar lo que "no quiere", que aquello que realmente desea.

El hombre tiene una verbalización periódica, temática (mono-temática). Los hombres dialogan entre sí de manera breve, clara, ordenada, concreta, con un inicio y un final bien definidos de la conversación.

Las mujeres nunca dan por terminada una conversación entre amigas. Siempre faltará tiempo, nunca será suficiente. Experimentarán siempre la sensación de que no se ha dicho suficiente, de que lo más importante se ha quedado en el tintero. ¡Aunque se vean y conversen todos los días!

Las mujeres se reúnen para dialogar. Los hombres se reúnen en torno a un interés común. En los hombres la actividad que les convoca es lo importante; en las mujeres, la actividad es sólo un pretexto: lo verdaderamente importante es conversar. El *gym* para el hombre es una actividad física; para la mujer, además de actividad física, puede ser también una actividad social.

Los hombres están acostumbrados a resolver sus problemas mediante negociación, por ello siempre buscarán negociar. Las mujeres arreglan sus diferencias y problemas mediante la solidaridad, la empatía, la escucha y la expresión verbal de sus emociones.

Cuando la mujer le comenta a su pareja algún tema que le agobia o preocupa, el hombre se pone en "modo resolución", intenta brindar soluciones. Pero, la mujer desea ante todo ser escuchada y acogida empáticamente, por medio de la "identificación afectiva", que el hombre sintonice con sus emociones y sentimientos.

El cerebro masculino necesita, para poder asimilar una petición: claridad, orden y brevedad. No es que tu esposo sea necesariamente "bruto" cuando le cuesta asimilar varias cosas a la vez. ¡Simplemente es hombre!

La mujer "necesita" (no es que sea caprichosa, sino que es una necesidad neurológica y psicológica) "sentirse" escuchada, especial, única, indispensable, mimada, consentida, protegida, hermosa. Puedes hacer todo por una mujer, pero si no se siente escuchada, la conclusión será contundente: "No me ama". El hombre necesita "pensarse", "saberse", admirado, respetado, valorado, reconocido. ¡Un hombre que no es admirado por su mujer se autopercibirá frustrado en su orgullo masculino!

El lenguaje que utilizo no es trivial ni inocente. Fíjese en el "sentirse" (para las mujeres) y en el "pensarse" (para los hombres). No es que el hombre sienta menos que la mujer o que la mujer tenga menos capacidad intelectual y racional que el hombre. Simplemente se trata de la manera como cada uno suele enfocarse y abrirse a la realidad.

La mujer se energiza siendo escuchada, comprendida, acogida. El hombre se energiza cuando resuelve un problema, produce dinero, es admirado. Los hombres valoran más el poder, la competencia, la eficiencia. La mujer valora más el amor, la comunicación, las relaciones, los afectos.

A los hombres les estimula saberse necesitados; a las mujeres, sentirse apreciadas. La principal queja de las mujeres es no sentirse escuchadas, valoradas, apreciadas, amadas… Cuando la mujer toca fondo en cualquier escenario necesita sentirse acogida, amada, protegida. No es momento de dialogar, sino de abrazar, escuchar, acercar un pañuelo para recoger con delicadeza las lágrimas, estar allí significativamente.

El hombre necesita organizar y jerarquizar sus pensamientos antes de llevarlos a la acción. La mujer tiene la capacidad de actuar y "resolver", con todo mezclado en su cabeza.

El hombre suele ser más deductivo y la mujer más inductiva. El hombre empieza por la totalidad y la mujer por cada detalle particular. El hombre comienza por el todo para llegar a las partes; la mujer comienza a componer las partes hasta llegar al todo. Al final podemos llegar al mismo lugar o conclusión, pero por diversas vías. ¡Son procesos cognitivos diferentes!

Las diferencias neurológicas entre hombres y mujeres se acentúan en el contexto de una relación de pareja, con la llegada de los hijos, en situaciones conflictivas...

Las Mujeres y los hombres ven la vida de una manera diferente. Esto constituye un gran reto, pero también una imponderable riqueza. Se puede construir un gran y hermoso proyecto común sin esperar ni exigir uniformidad de procesos, visiones, perspectivas, ritmos... ¡Los mejores proyectos son aquellos que surgen de la diversidad! ¡La uniformidad es una pobreza; la diversidad un tesoro!

> ¿Por qué los hombres conquistan a las mujeres esencialmente por medio de la palabra?
>
> ¿Por qué las mujeres conquistan a los hombres fundamentalmente a través de la apariencia física?
>
> ¿Existe una razón cerebral para ello?

El cerebro se divide en cuatro lóbulos: frontal, parietal, temporal y occipital. La mujer tiene más desarrollados los lóbulos temporal, parietal y frontal.

El hombre tiene más desarrollado el lóbulo occipital. ¿Qué significa esto? Dicho llanamente: la mujer madura antes que el hombre, tiene más habilidades emocionales y facilidades para interpretar voces, así como un mayor desarrollo de la capacidad auditiva; mientras que el hombre tiene más desarrollada la percepción visual.

Esto explica aquello de que: *"La mujer se enamora por el oído"* y *"el hombre se enamora por la vista"*. En un post de *Instagram* leí lo siguiente: *"Ya que la mujer se enamora por el oído y los hombres por los ojos; la mujer para seducir se pone senos y el hombre miente"*. ¡Gracias a Dios sólo se trata de un post!

Para el hombre, el contacto físico podría ser sólo eso: roce de cuerpos. Para la mujer, en general, el contacto físico tiene un componente y significado emocional. A la mujer se le conquista más con atenciones, palabras y actitudes que con instinto y deseo.

¿Por qué las mujeres tienen una memoria tan buena y detallista? Una parte del cerebro es el *sistema límbico* (cerebro emocional) que controla la afectividad y almacena información en la memoria. Esta parte está más desarrollada en las mujeres que en los hombres. ¡Por eso tienen mejor memoria! Una mujer puede recordar cómo estaba vestida en la Navidad de hace 17 años. El hombre tal vez no recuerda qué ropa tenía puesta ayer.

Por conexiones entre el *hipocampo* y la *amigdala* (conexión entre memoria y afecto) la mujer no suele olvidar ninguno de los detalles de la persona amada.

El cerebro de la mujer la predispone a centrarse en detalles afectivos y emocionales, por pequeños que sean, y a guardarlos en la memoria permanentemente.

A la mujer le cuesta más que al hombre distanciarse de sus ideas. Por lo tanto, todo lo suele llevar al plano personal. Un ataque a sus ideas es un ataque a su persona. Si le dices a tu mujer que no te gusta una idea suya, su conclusión será que no te gusta ella, que no te importa, que no la quieres.

Se ha dicho de manera humorística, pero realista, que una manera gráfica de comprender cómo funcionan los cerebros masculinos y femeninos, es la siguiente:

El hombre tiene en su cabeza muchas cajitas. Cada cajita es un tema. Cuando va a hablar de un tema, saca esa cajita; y, una vez terminado el tema, la guarda y pasa a la siguiente cajita, al siguiente tema. Entre todas esas cajitas temáticas hay una que está vacía: allí no hay ningún tema. Es un simple espacio vacío, en blanco. Por eso, muchas veces, el hombre estará petrificado ante el televisor, como perdido en el horizonte, sin pensar en nada.

La mujer no tiene cajitas, sino cables. ¡Cables cruzados! Todo está conectado con todo. De ahí la complejidad del cerebro femenino. Alguien dirá que se trata de cables cruzados en cortocircuito.

¡Qué hermoso cuando cajas y cables se conectan y entienden! ¡Hay tanta intimidad en el entendimiento!

CAPÍTULO III
Heridas Anteriores.

Todos estamos heridos. Quizá hemos sido heridos desde el vientre materno. Nuestras heridas se abren y sangran permanentemente. Nuestras heridas no nos determinan irremediablemente; pero, pueden influir más de lo que a simple vista se pueda pensar.

Una pareja está formada por dos personas, cada una con su historia y sus heridas. En un proyecto de pareja se suma tanto lo positivo como lo negativo de cada uno. Así como tus virtudes, talentos y magníficas cualidades entran en contacto con las de tu pareja; también sus heridas chocarán con las tuyas.

En el contexto de la pareja las heridas interiores "anteriores" podrían ser determinantes para destruir una relación. Muchas de las heridas que se provocan en las parejas tienen su origen en heridas personales no trabajadas. Heridas, muchas veces, ni siquiera conscientes.

¿Cuáles son tus heridas interiores? En mi primer libro "Nombrar para Sanar", ofrezco herramientas prácticas y eficaces para ayudarte a identificar tus heridas interiores.

Vamos a acercarnos a dos ámbitos de heridas relacionales que tendrán una influencia muy significativa, quizá determinante, en la relación de pareja: las heridas en la relación con uno mismo y las heridas en la relación con los padres.

Heridas con uno mismo.

La relación más importante de la vida es la más obviada y olvidada, la menos consciente. ¡Se trata de la relación con uno mismo!

La posibilidad relacional más sublime es el "amor". Amar es la máxima expresión de la manera como nos relacionamos. El "amor propio" (amarse a uno mismo) es condición necesaria para amar a Dios y a los demás. Jesús lo tenía muy claro cuando invitaba a amar a Dios y al prójimo *"como a uno mismo"*. El amor propio podría estar "enfermo"; pero también podría, y debería, estar "sano".

El *amor propio enfermo* es:
Auto-referencial.
Egoísta.
Narcisista.
Encorvante.
Seco, árido.
Amargo.
Caprichoso.
Presuntuoso.
Vanidoso.
Orgulloso.
Odioso.
Resentido.
Rencoroso.
Triste.
Vacío.
En fin, es la muerte de una de nuestras mejores capacidades y más hermosas posibilidades: amar.

El *amor propio sano* es:
Sociable.
Trascendente.
Altruista.
Generoso.

Alegre.
Compasivo.
Misericordioso.
Tierno.
Acogedor.
Libre.
Liberador.
Sanador.
Paciente.
Humilde.
Razonable.
Perdonador.
Reconciliado.
Dulce.
Suave.
Cariñoso.
Cercano.
Divino y humano.

En los anteriores listados sustituyamos la palabra "amor" por nuestro nombre propio o por la palabra "yo"; y obtendremos criterios para discernir si nos "amamos", "cuidamos" y/o "tratamos" de una manera "enferma" o "sana" a nosotros mismos.

Pregúntate: ¿Yo soy auto-referencial, egoísta, narcisista, encorvado, seco, árido, amargo, caprichoso, presuntuoso, vanidoso, orgulloso, odioso, resentido, rencoroso, triste; *o, soy* sociable, altruista, generoso, alegre, compasivo, misericordioso, tierno, acogedor, libre, liberador, sanador, paciente, humilde, razonable, perdonador, reconciliado, dulce, suave, cariñoso, cercano, humano?

El evangelista Marcos pone en labios de Jesús una pregunta que nos puede ayudar a pensar y discernir: *"¿De qué le sirve al hombre ganar el mundo entero si arruina su vida?"* (Mc 8, 36). Nos empeñamos en "conquistar" metas, "ganar" dinero; muchas veces olvidando la más necesaria de las conquistas y la más grande ganancia: nosotros mismos. ¡Somos lo mejor y peor que tenemos! Pensar en los demás está muy bien, pero será aún mejor si no me olvido de mí en el proceso.

Cuenta Jorge Bucay, en su libro *"El camino de las lágrimas"*, lo siguiente:

"Y así, despacito y con tiempo, fui sumando ideas, descubriendo más imprescindibles: el hospital, mis pacientes, la docencia, algunos amigos, el trabajo, la seguridad económica, el techo propio y aún después más personas, más situaciones y más hechos sin los cuales ni yo ni nadie en mi lugar podría razonablemente vivir. Hasta que un día... (...) me di cuenta de que yo no podía vivir sin mí. Nunca, nunca, me había dado cuenta de esto. Nunca había notado lo imprescindible que yo era para mí mismo".

Muchas personas son "importantes" para ti; pero, "imprescindible", sólo Dios y tú. Los demás podrían "estar" o "no estar": morir, dejarte, alejarse, olvidarte. Pero, tu no puedes dejar de estar contigo. ¡No te puedes faltar a ti mismo! ¡No te puedes alejar de ti! Que seas consciente de ello, o no; que estés contigo de una manera "sana", "significativa", o no; será otra cuestión.

Si te relacionas de manera "no-sana" contigo, te predispones a forjar relaciones "enfermas" con los demás. ¡Nadie puede dar lo que no tiene! Si no tienes cariño, compasión, ternura, delicadeza, respeto y cuidado para contigo mismo; difícilmente puedas tenerlo para con los otros. Una persona enferma contagia su enfermedad. Una persona sana transmite, comunica y expande su bienestar.

Las raíces y razones de la manera como te tratas a ti mismo habría que buscarlas en la forma como fuiste tratado en la niñez por aquellas personas que eran importantes, referenciales y paradigmáticas para ti: padres, abuelos, hermanos,… ¡Como te "trataron", te "tratas"! Quizá hayas introyectado la falacia de que la manera en que fuiste tratado en la niñez es la forma en que debes tratarte y ser tratado el resto de la vida.

Preguntas para la reflexión personal:

¿Qué tan sana es la relación que tienes contigo mismo?
¿Cómo te relacionas contigo?
¿Te tratas bien?
¿Te portas bien contigo?
¿Cuidas tu salud integral: física, moral, psicológica, espiritual…?
¿Cuidas tu cuerpo?
¿Haces ejercicio?
¿Tienes una adecuada higiese personal?
¿Te alimentas bien?
¿Descansas lo necesario y suficiente?
¿Tienes momentos de esparcimiento, relajación?
¿Cuidas tu formación integral: espiritual, psicológica, cultural, artística, laboral…?
¿Te tratas con cariño y respeto?
¿Eres tosco y brusco contigo?
¿Te exiges demasiado?
¿Eres implacable con tus errores y limitaciones?
¿Eres misericordioso contigo?
¿Te cuesta mucho perdonarte?
¿Estás reconciliado con tu fragilidad, miserias y zonas sombrías?

Heridas con los padres.

Después de la relación contigo mismo tal vez ninguna otra te haya marcado y determinado tanto como la relación con tus padres. Tu primer contacto con "el mundo" fue a través de ellos.

Eres lo que eres en la actualidad, en gran medida, debido a la relación que tuviste con papá y mamá. Tanto la "mucha ausencia" como la "demasiada presencia" paterno/materna, te han marcado profundamente en tu vida.

Tus padres también son herederos de una historia. Tampoco ellos eligieron a sus padres. También ellos traen heridas vinculadas a sus progenitores o educadores. Tu papá y mamá no son perfectos, como tampoco son perfectos tus abuelos; y así, sucesivamente, hasta el "comienzo de los tiempos". No existe una "escuela superior de formación para padres y madres". Cada uno va aprendiendo a ser padre o madre sobre la marcha, *"a como Dios le ayude"*, *"a la buena de Dios"*.

La mayoría de nuestros padres no elaboraron un proyecto vital integral para ejercer una paternidad responsable, sana y sanadora. Ellos, como todos, han tenido o tienen dificultades para entrar en contacto, iluminar y sanar su mundo herido. Los padres pueden herir a sus hijos de muchas maneras y por medio de múltiples actitudes y situaciones:

Rechazo (pre o post-natal).
Falta de afecto, atención, cariño.
Humillaciones.
Comparar a unos hermanos con otros.
Preferencias no disimuladas por otro hermano.
Prioridad siempre a otro hermano.
Palabras hirientes.
Burlas ante los fracasos.
No escuchar.
No proteger.
No prestar atención a sus demandas.
Imposición irracional.
Violencia entre los padres (verbal, física).
Divorcio de los padres.
Sobreprotección.
Indiferencia.

Ausencia parcial o total, física o afectiva (de ambos o de uno de los progenitores).
Injusticia.
Crítica permanente.

El rechazo del embarazo, y por consiguiente de la "criatura", es un fenómeno más común de lo que podemos pensar, esperar y/o reconocer. Pocos padres admitirían con facilidad que rechazaron a sus hijos durante el embarazo. La "criaturita" no sabe, conscientemente, que está siendo rechazada. No obstante, inconscientemente, en la formación de su sistema psicológico, emocional y afectivo sí siente el rechazo. ¡El rechazo pre-natal se absorbe!

Las emociones, la personalidad y el carácter comienzan a tomar forma desde el vientre materno. El bebé lo siente todo: acogida, rechazo, amor, odio, ternura, violencia… Según el Dr. Thomas R. Verny, especialista en estudios del desarrollo del psiquismo fetal: *"El feto puede ver, oír, experimentar, degustar y, de manera primitiva, incluso aprender. Pero lo más importante es que puede sentir"*.

¿Qué sucede cuando el bebé intra-uterino "siente" el rechazo materno? Pasan muchas cosas, entre ellas, que al nacer podría pagar a su mamá con la misma moneda.

Comparto un testimonio.

Irma rechazó a Pili. Quedó embarazada, a decir de ella, "en el peor momento de su vida". Tenía 20 años. Pasó en el último año de Universidad. Su novio, que vivía "en el extranjero", la embarazó durante unas cortas vacaciones de fin de semana. Había proyección de boda para dentro de ¡nueve meses!

El rechazo a su embarazo fue tan inmediato como espontáneo. No lo podía creer. No lo podía aceptar. No lo concebía. No cabía en su cabeza tan real y evidente posibilidad. Nunca se planteó la posibilidad del aborto. No obstante, las crisis emocionales, los comentarios de las amigas, su depresión, las continuas discusiones con Tony (su novio)... evidenciaban que no era el momento para ser mamá. Mientras tanto, su criaturita lo absorbía todo.

La boda se adelantó. Pasaron nueve meses. Nació una niña hermosa y físicamente saludable. Un sentimiento de amor infinito, una sensación de dulzura total, invadieron a Irma cuando tuvo a su pequeña en brazos. Todo parecía estar bien, haber valido la pena.

Los problemas comenzaron al constatar que la pequeña Pili "rechazaba" el pecho materno. Succionaba ávidamente todo aquello que se le acercara a la boca. ¡Todo, menos el seno materno!

Esta pequeña niña había experimentado el rechazo de su madre en el vientre, ahora le paga con la misma moneda.

Existen muchos tipos de padres:
Autoritarios.
Asertivos.
Democráticos.
Exigentes.
"Blandengues".
"Abueliados".
"Compinches".
Indiferentes.

Ausentes.
Demasiado presentes y absorbentes.
Sobreprotectores.
Sumisos.
Permisivos.
Negligentes.
Negociantes.
Comprensivos.
"Demasiado comprensivos".
Comunicativos.
Silenciosos.
Meros proveedores.
"Omnipotentes".
"Omniscientes".
"Brutos".
Payasos.

Cada una de estas maneras de ser papá y/o mamá podría tener sus dificultades en cuanto a las heridas que se pueden provocar en los hijos.

Los estilos de padres afectan, para bien o para mal, la elección de pareja. Es normal que una mujer que fue abandonada por su padre en la infancia busque en su pareja al "padre ausente" (normalmente buscará hombres mayores); o que, por el contrario, termine rechazando a todos aquellos hombres que le reflejen, de alguna manera, a su padre.

Cuando el padre se caracteriza por la "ausencia" (total o parcial; afectiva y/o física), las hijas suelen terminar en dos extremos: eligiendo parejas que aportan poco, ya que se sienten inseguras, feas, inmerecedoras (rechazando inconscientemente parejas valiosas); o, sumergiéndose en una autosuficiencia tal que le lleve a elegir un hombre que no le importe, con quien no se compromete real y efectivamente, huyendo de relaciones profundas, permanentes y significativas.

En el caso de un padre sobreprotector, que termina anulando el proceso de maduración y desarrollo psico-afectivo de su hija, creando inestabilidad, inseguridad, necesidad del "otro" para poder sentirse segura; la hija permanece en una auto-percepción de niña mimada, consentida, con poca resiliencia vital, tendente a entrar en pánico ante las adversidades de la vida, grandes o pequeñas, significativas o no.

Cuando los padres son "castigadores", se forjan, debido a la deficiente auto-estima y los permanentes escrúpulos, tendencias masoquistas que proyectan y repiten los patrones conductuales de la infancia; o, en el extremo contrario, se crea una especie de animadversión, coraza, ante cualquier persona o situación que haga pensar en eventuales castigos.

Si un papá trata a su hija como una princesa, "normalmente" (porque también cabe la posibilidad de lo "a-normal") ella no esperará menos de su pareja. Si, por el contrario, la "mal-trata", cabría sospechar la posibilidad de que, inconscientemente, ella busque ese patrón relacional.

La dinámica mamá-hijo es similar. ¡Cuando un hombre trata a su mujer como una princesa, es porque fue educado por una reina!

Es más que frecuente la historia de las personas que se desgastan "persiguiendo" y "mendigando" amor, tiempo de calidad, escucha, atención; y ello, debido a la emocionalmente deficiente y afectivamente disfuncional relación con los padres.

Cuando los hijos "ven" que sus padres no se quieren, cuidan y protegen, sino que viven permanentemente en conflicto, discuciones, duelos interminables; terminan introyectando una cuestionante: *"Si no se quieren entre ellos, ¿cómo saber que de verdad me quieren a mí?"*.

Una encuesta llevada a cabo por la *Associated Press* revela que en torno al 42% de las mujeres en edades fértiles desean tener hijos sin una pareja. ¿Cuál será la razón? Seguir el cruento rastro de la relación de los padres entre sí, o de parejas anteriores, podría llevarnos muy lejos en la reflexión.

El tema de la comunicación entre padres e hijos es muy importante. Según estudios, una mala relación entre padres e hijos puede derivar en problemas alimenticios como la anorexia, bulimia u obesidad. Una queja común, por parte de los padres, es que los hijos no dialogan con ellos, no les cuentan sus cosas. Y uno se pregunta: ¿ustedes, papá y mamá, dialogan entre ustedes?, ¿tienen buena comunicación entre ustedes?

El divorcio de los padres suele ser un semillero de heridas para los hijos: inseguridad, desconfianza, miedos, incertidumbre, escisión afectiva, resentimiento...

Un señor de 84 años de edad, veterano de guerra, quien había visto y padecido todo tipo de vejaciones, maltratos y humillaciones, afirmaba: *"Yo en mi vida lo he visto y superado todo; menos una cosa: el divorcio de mis padres"*. Cuando los padres se divorcian, el mundo conocido por el hijo se explosiona y hace añicos. Los hijos de padres divorciados tienen más probabilidades de divorciarse de sus eventuales parejas.

Las cinco heridas básicas.

Existen cinco grandes y profundas heridas. Podríamos llamarles "heridas básicas". Estas son:

Rechazo.
Abandono.
Humillación.
Traición.
Injusticia.

Vamos a analizar estas heridas en relación con nuestros padres, con nosotros mismos y con la pareja.

¿Cómo pudimos haber sido heridos de rechazo, abandono, humillación, traición y/o injusticia en la relación con nuestros padres?
¿Cómo esas heridas con ellos nos afectan en la relación con nosotros mismos?
¿Cómo afectan la relación de pareja?

Herida de Rechazo.

La herida de rechazo por parte de nuestros padres se puede expresar y experimentar bajo diferentes modalidades: rechazo de nosotros como tal, rechazo de nuestra identidad sexual, rechazo de alguna parte de nosotros, rechazo de nuestros comportamientos, rechazo de nuestra personalidad, rechazo de nuestro carácter, rechazo de nuestras opiniones... *"No me desearon"*, *"nací por accidente"*, *"no me aceptan como soy"*, *"no me reconocieron"*, *"siempre me compararon"*... podrían ser algunas de las voces introyectadas en nosotros que expresan la herida de rechazo.

Cuando hemos experimentado el rechazo de nuestros padres, nos solemos rechazar a nosotros mismos, no nos aceptamos, no nos queremos. El "auto-rechazado" se encierra en su propio mundo, desarrolla timidez, complejo de inferioridad. Se compara permanentemente con los demás. La envidia podría hacer acto de presencia. Su tentación será el aislamiento afectivo. Será incapaz de expresar amor, afecto, ternura... Su símbolo podría ser una pared, un muro.

El "rechazado", en la relación de pareja, será distante, poco expresivo, afectivamente seco. Se sentirá siempre solo. No se siente querido, aceptado, amado. Por ello demandará y necesitará constantemente muestras de aceptación, de amor, de afecto.

Esto afecta muchísimo la relación de pareja, porque al menos una de las partes estará afectivamente ausente y esperando lo que no es capaz de dar. *"Dime que me amas, muéstrame que me quieres, exprésame cuánto significo para ti"*. Pero, *"nunca esperes que yo también lo haga."* La reciprocidad brilla por su ausencia. ¿Cómo sostener una relación tan unidireccional?

La parte que siempre da, que siempre expresa, que siempre hace, sin recibir lo propio, terminará agotándose. Esto en el mejor, y menos común, de los casos.

El problema se agraba cuando, inconscientemente, la persona herida de rechazo elige una pareja con la misma herida. ¡Los "rechazados" se suelen elegir entre ellos!

El resultado lógico será una pareja en la que cada uno espera recibir, de quien no puede darlo, aquello que es incapaz de ofrecer. ¡Los dos esperan y piden lo que nadie da!

La sensación de soledad será terrible. Un témpano de hielo recorrerá toda la relación. Nada nunca será suficiente. Esperamos recibir afecto de quien es incapaz de expresarlo. ¡Se juntan el hambre con la necesidad de comer!

Los hijos de esta pareja de "rechazados" llevarán la peor parte y reproducirán la cadena de generación en generación si alguien no la corta conscientemente.

Cuando en la pareja se presentan estos problemas habría que comenzar a trabajar la herida de rechazo en la relación con los padres y en la propia persona para forjar la base sólida en la que poder sustentar una sana relación de pareja.

Herida de Abandono.

Somos heridos de "abandono" cuando nuestros padres, o uno de ellos, ha estado ausente física y/o afectivamente, cuando no nos protegieron, creyeron o apoyaron ante una situación determinada en la que necesitábamos todo su respaldo y apoyo.

A veces los padres están presentes "físicamente", pero nunca están "afectivamente": no expresan amor, afecto, ternura, cercanía, apoyo. La presencia física podría ser significativa, de calidad, o no.

Conozco hijos que prefieren que sus padres no estén físicamente presentes porque nunca son cariñosos, amorosos y cercanos, sino todo lo contrario. La indiferencia de nuestros padres puede ser experimentada como abandono.

Cuando hemos sido heridos de abandono, desarrollamos un profundo temor a la soledad y somos perseguidos por el fantasma del abandono. Pensamos que todos nos abandonarán siempre y eso nos provoca angustia, ansiedad, miedo.

El "abandonado" tiende a victimizarse, desarrolla inseguridad, crea dependencia afectiva, manifiesta una permanente necesidad de afecto, necesita palabras de afirmación y actos significativos de presencia, busca ser consentido, mimado. Su tentación será el desarrollo de una fuerte dependencia afectiva. Necesita atar y atarse para no ser abandonado.

La relación de pareja estará muy marcada por la dependencia afectiva. Habrá mucha inseguridad en la relación. "*¿Me dejará?, ¿me abandonará?*", será una duda introyectada permanentemente.

En el miedo a perder al otro hará acto de presencia la celotipia; los celos enfermos que pueden ir creando un infierno y destruirlo todo.

El miedo al abandono termina realizando el abandono. Consigues, por medio de conductas y reacciones inconscientes, que lo que temes, se realice. ¡Atraes lo que obsesivamente temes!

Herida de Humillación.

La herida de humillación podría provocarse cuando nuestros padres han sido muy controladores y exigentes, nos corregían delante de otras personas, nos comparaban con otros, nos avergonzaban delante de nuestros amigos, nos manipulaban y se victimizaban haciéndonos sentir culpables de todo lo malo y negativo.

La herida de humillación nos lleva a desarrollar la tendencia a la culpabilidad y la vergüenza. En el "humillado", la sumisión y la timidez estarán muy presentes. La culpabilidad nos llevará a sentirnos, y eventualmente hacernos, responsables de los demás: padres, hermanos, familiares, pareja y amigos; así como a girar siempre en torno a los demás, opacar y post-poner nuestros sentimientos, dificultades, proyectos, problemas y deseos, dando prioridad a los demás.

En la relación de pareja, el herido de humillación, tiende a ser co-dependiente. Necesita que le necesiten. Cuando siente que no le necesitan, puede crearle necesidades y temores al otro.

Herida de Traición.

Somos heridos de traición cuando tenemos padres cuya relación es conflictiva, inestable y disfuncional. La inestabilidad en la relación de los padres provoca inseguridad e inestabilidad emocional en los hijos. Nos sentimos traicionados cuando nuestros padres se separan y más aún cuando hay infidelidad de parte de uno, o ambos, de ellos. Entonces vendrá la gran decepción porque no eran lo que pensábamos.

La traición suele ser más profunda con respecto al padre del sexo contrario al nuestro. Por ejemplo, cuando papá le ha sido infiel a mamá la hija-mujer es más afectada que un hijo-hombre, y lo asume como una profunda traición y decepción. Cuando la mamá es la que "falla", el hijo-hombre es más afectado.

La hija suele hacer del padre su rey mientras que el hijo tiende a idealizar más a la madre. Llegado cierto momento de la adolescencia, la hija-mujer rivalizará con su mamá en la búsqueda de la afirmación de su propia identidad femenina, mientras que el hijo-hombre verá en el padre la figura que le hace sombra y de la cual se debe deslindar. No planteamos aquí el *complejo de Edipo* (el hijo enamorado de la madre) o el *complejo de electra* (la hija enamorada del papá), pero tomanos nota y dejamos constancia de ese patrón familiar común, según el cual, la figura idealizada de la hija es el padre y la figura de la perfección y la abnegación pura y casta del hijo es la madre.

La persona herida de traición materno/paterna tiende a ser controladora. El control será su tendencia y tentación permanente. Controlarlo y dominarlo todo para que nada se salga de nuestras manos y esquemas provocándonos inseguridad y/o inestabilidad. El binomio inseguridad/control le acompañarán inseparablemente unidos. El miedo a perder el control domina al "traicionado", quien será una persona impaciente que vivirá a la defensiva, protegiendo y asegurando su zona de confort y no confiando en nadie, porque tampoco es capaz de confiar en sí mismo. En la relación de pareja le costará confiar. El miedo a ser engañado y traicionado será muy intenso, profundo y persistente, controlando a su pareja y celándola de manera enfermiza y muy exigente.

Herida de Injusticia.

Somos heridos de injusticia cuando nuestros padres son severos, rígidos, muy exigentes, afectivamente áridos, distantes; no nos dejan ser niños, jugar, correr, equivocarnos. Esto provoca que seamos exigentes, severos y rígicos con nosotros mismos y con los demás.

La persona herida de injusticia desarrolla la tendencia al perfeccionismo. No se concede derecho a fallar, equivocarse, cometer errores. Se juzga muy fuerte y se condena por cualquier fallo. Disfraza la soberbia, el orgullo y la presunción de responsabilidad, eficiencia y moralidad. No se mueve desde el "ser", sino desde el "deber ser". Desarrolla una espiritualidad "desde arriba": debo ser siempre perfecto y adaptarme totalmente a lo que se espera de mí. Por ello sufre, se angustia, se llena de ansiedad y nunca disfruta nada. Prefiere "romperse" antes que "doblarse".

La herida de injusticia provoca inflexibilidad mental, lo que nos coloca en las antípodas de la conversión (*metanoia*) y muy cerca de la *paranoia*.

En la famosa novela *Los miserables* del gran escritor francés Víctor Hugo, encontramos en el inspector Javert un perfecto ejemplo de persona herida de injusticia. Este personaje prefiere lanzarse al río Sena y ahogarse antes que ceder un ápice en la implacable aplicación fundamentalista de la justicia. La persona herida de injusticia se autoconstituye en juez supremo de todo y de todos.

En la relación de pareja esta persona será rígida, severa, afectivamente fría y distante. Siempre juzgará, condenará y criticará a su pareja porque no se adapta fielmente al cumplimiento de su esquema mental, dictamen y perspectiva. Nada nunca será suficiente. Siempre faltará algo.

La persona herida de injusticia es incapaz de agradecer, valorar, reconocer el esfuerzo, la entrega y los méritos del otro. Lo critica todo, lo evalúa todo. Jamás reconocerá que se ha equivocado o que no tiene la razón. Olvida que la verdad es polifónica. No es capaz de discernir y distinguir entre la verdad objetiva y su perspectiva subjetiva y personal.

Preguntas para la reflexión personal:

¿Cómo calificarías la relación entre tus padres?
¿Cómo es tu relación con tu papá y tu mamá?
¿Sientes rechazo de parte de tus padres?
¿Has crecido sólo con uno de tus padres? ¿Cómo eso te ha afectado?
¿Tus padres son permisivos o sobreprotectores?
¿Qué le resientes y no le perdonas a tu mamá y a tu papá? ¿Por qué?
¿Procedes de un "matriarcado" o de un "patriarcado"?
¿En tu familia quién tenía las riendas: papá o mamá?
¿Tienes problemas con las figuras de autoridad? ¿Por qué?
¿Tuviste afecto, atención y cariño por parte de tus padres?
¿Fuiste humillado por tus padres? ¿Cómo?
¿Mamá y/o papá te hirieron con palabras?
¿Qué cosas "feas" decían tus padres sobre ti?
¿Tus padres tenían o tienen preferencias y particularismos especiales con otro hermano/a? ¿Cómo eso te ha afectado?
¿Hubo violencia o abuso, verbal y/o físico en el seno de tu familia?

¿Tus padres se han burlado de ti?

¿Tus padres te apoyaban en todo, o te lo criticaban todo?

¿Tus padres te protegieron cuando los necesitaste?

¿Mamá y papá te imponían o prohibían cosas irracionalmente?

¿Tu mamá o papá eran alcohólicos o drogadictos? En caso afirmativo, ¿Cómo eso te ha afectado?

¿Te averguenzas de tu mamá y/o papá? ¿Por qué?

¿Cómo las heridas con tus padres han afectado tus relaciones de pareja?

CAPÍTULO IV
Modelos de Parejas.

Nacemos y crecemos rodeados de personas. En la medida que vamos creciendo y haciendo consciencia del mundo circundante descubrimos que existe algo llamado "pareja". Lo aprendemos viendo a nuestros padres. Si falta mamá o papá aprendemos que no todas las familias son iguales en su configuración.

Existen familias con mamá, papá e hijos. Otras sólo están formadas por la mamá y los hijos. Tal vez la configuración familiar sea integrada por la abuela, los tíos y los primos. Muy cerca de nosotros, mientras vamos creciendo, suelen estar las parejas de los tíos, primos y vecinos. Descubrimos que nuestros amigos de juegos y compañeros de escuela también tienen padres.

Cuando llegamos a la edad adulta ya hemos conocido muchísimas parejas. Cada pareja es distinta. Existen parejas envidiables, bien integradas, un proyecto sólido. Otras parejas dejan muchísimo que desear. Inconscientemente, antes o después, vamos viendo y conociendo múltiples y muy diversas maneras de ser pareja, de estar en pareja y de vivir como pareja. Los modelos de pareja pueden ser muy diversos.

Existen al menos 12 tipos de parejas disfuncionales, enfermas y/o co-dependientes:

Pareja simbiótica.
El "yo" y el "tú" han desaparecido, dejando campo totalmente libre a un "nosotros" total, a tiempo completo, absorbente. En este tipo de relación nadie tiene nada propio: ni bienes, ni tiempo, ni *hobbies*, ni amigos. Es una relación con vocación de asfixia.

Pareja excesivamente independiente.
Este tipo de relación está en las antípodas, en el extremo opuesto, de la anterior. No existe un "nosotros", sólo un "yo" y un "tú" independientes y auto-suficientes. Todo tiene prioridad sobre la pareja. Sin agenda en mano es imposible un momento a solas para ambos. No suele haber amigos en común: cada quien tiene un propio círculo social, afectivo y laboral.

Pareja "tóxica".
Una relación "tóxica" es aquella en la que el lema "ni contigo ni sin ti" se cumple fielmente. No pueden estar juntos porque se matan, pero tampoco separados, porque se mueren. Es una relación caracterizada por frecuentes conflictos en los que se realiza un círculo vicioso permanente: pelea-separación-reconciliación; y, luego, otra vez, pelea-separación-reconciliación… y así todo el tiempo. Esto desgasta a cualquiera. Se vive en una tensión permanente, en un perenne estado de ansiedad, sobresalto y angustia.

Pareja "a-simétrica".
En la relación "asimétrica" existen notables y marcadas diferencias entre los miembros de la pareja, las que pueden terminar "pesando". Las diferencias pueden ser de edades (se llevan 30 años de diferencia, por ejemplo), formación académica (uno apenas terminó la secundaria y el otro acumula ya tres doctorados), *status* socio-económico (uno es miembro de una noble familia adinerada y el otro procede de una familia sin ascendente social que vive en un barrio marginal), etc. Cada uno maneja un código lingüístico distinto, por lo que suele haber

problemas de comunicación y comprensión. ¡Es un verdadero reto de integración!

Pareja "inaccesible", distante.
Al menos uno de los miembros está emocionalmente bloqueado. Nunca se manifiesta o abre la interioridad. Siempre queda como un reducto íntimo por explorar o tocar. Aunque esto en realidad sucede en cualquier caso o situación, puesto que lo "último" y más "íntimo" del otro siempre será misterio. Las personas no se comprometen afectiva ni efectivamente. La evasión es la norma.

Pareja de "firmes resortes".
Es una relación en la que se aguanta lo indecible: infidelidad, abuso, maltrato verbal y/o físico, humillaciones… ¿Por qué se aguanta todo esto? Por miedo a la soledad y debido a una auto-estima y auto-imagen muy lastimadas. El dependiente se somete, justifica e idealiza al otro. Introyecta el siguiente pensamiento enfermo: *"Como no valgo nada, como nadie me ha querido, si lo dejo no encontraré a nadie mejor".*

Pareja "adrenalítica".
Es una relación basada en lo excitante, en un permanente derroche de adrenalina. Entre lo excitante está lo "prohibido", aquello que "no se debe desear": el esposo de una amiga, prima o hermana; la cuñada, madrastra, etc. Las personas buscan un estado eufórico permanente. El sexo suele ser considerado más importante que otros aspectos (comunicación, coincidencias intelectuales, creencias…). No hay cuerpo ni sistema psicológico que resista durante mucho tiempo una situación de esta índole sin colapsar. Siempre se suele cambiar de pareja, porque los "candidatos" se van "agotando" y "agostando".

Pareja "suplicio".
El sufrimiento será la medida del amor. Mientras más sufro, más amo. Lo sano y realista sería lo contrario: porque amo, sufro. Quien ama de verdad terminará sufriendo de alguna manera. El amor nos hace vulnerables, "heribles", "asequibles", nos "desnuda" y "desarma". Pero no debo hacer del sufrimiento el criterio único y último.

Pareja "redentora" o "mesiánica".
Uno se constituye en el "mesías", "redentor" y "salvador" del otro. Se establece un vínculo para "salvar" y "rescatar" al otro.

Pareja creadora de necesidades.
"El otro me necesita", y yo "necesito que me necesite". Si una situación de "necesidad" se ha superado, pues se crea otra. La necesidad de ser necesitado es lo que crea el vínculo.

Pareja "domesticadora".
Una persona pretende "domesticar" a la "fiera", "suavizar" al "áspero", "pulir" al "rústico" y "transformar" la "rana" que es el otro. Para ello tiene que "crear lazos".

Quien pretende "domesticar" al otro, aspira a crear un "ser" a la imagen y semejanza de sus concepciones e ideales. ¡Cuidado no le vaya a salir un *Frankenstein*! Este anhelo de transformar al otro es más común en mujeres que en hombres. Mientras el hombre sueña con que su mujer nunca cambie, la mujer ansía transformar a su hombre.

Pareja uni-direccional.
No hay reciprocidad afectiva. Sólo uno ama, se entrega y lo da todo. La persona que siempre da llegará un momento en que se agotará. Consciente o inconscientemente esperará, buscará o exigirá "compensaciones". El que sólo recibe, comienza a sentirse "presionado", "incómodo". La relación se torna tensa y pesada.

Existen muchas otras posibles configuraciones de parejas disfuncionales, enfermas y enfermizas. De acuerdo a la historia, personalidad y heridas de cada integrante de la pareja se van perfilando sub-tipos y matizaciones de los anteriores. Normalmente los diferentes tipos de parejas están mezclados.

Una pareja podría ser a la vez: "a-simétrica", "tóxica" y de "firmes resortes"; o, "creadora de necesidades", "domesticadora" y "uni-direccional". Las posibles configuraciones de parejas menos enfermas, más saludables, serán otras tantas.

En nuestro crecimiento quizá conocimos parejas que encarnaran los anteriores tipos. Eso fue formando en nosotros una cierta percepción de la vida en pareja.

Tal vez alguno de los anteriores modelos sea el mejor reflejo de tu pareja actual. Los tipos de relaciones y parejas anteriormente descritos tienen una motivación no-adecuada y son semilleros fértiles de heridas, trastornos y traumas. Sólo una persona enferma puede formar una relación enferma.

Las personas que integran ese tipo de relaciones suelen tener muchas heridas interiores no nombradas, no trabajadas, no integradas, no transformadas o no resueltas. En el seno de una relación disfuncional, se afianzan las heridas ya existentes y se crean otras nuevas.

Dentro del conjunto de las posibles configuraciones de pareja, quizá hemos conocido una pareja que se haya constituido para nosotros en un ideal de lo que soñamos sea nuestra futura pareja. La pareja de nuestros padres no siempre será la ideal o la mejor valorada por nosotros.

Tal vez consideramos que en el momento de elegir pareja, el primer criterio será que no se parezca en nada a nuestra mamá o a nuestro papá. Puede que busquemos todo lo contrario. Lo cierto es que cuando decidimos buscar, elegir y formar una pareja, todos los modelos de parejas conocidos y el modelo ideal de pareja que tenemos, inconscientemente, entran en la ecuación.

Preguntas para la reflexión:

¿Cuáles tipos de parejas conociste en tu niñez?

¿Cuál era tu modelo de pareja ideal?

¿Qué tipo de pareja soñabas en tu niñez?

¿Tu actual pareja se ajusta a ese ideal?

¿Cuál es tu modelo de pareja actual?

¿A qué parejas conocidas en tu niñez se parece tu pareja?

SEGUNDA PARTE
EL DURANTE
¿Qué sucede durante la relación?

¿Qué sucede durante la relación?

¡Ya estás en pareja! Te casaste oficial, legal y/o sacramentalmente o convives con tu pareja sin documentos que avalen o bendigan su compromiso. Llegaste a la relación de pareja herido y en ella surgieron más heridas. No existen parejas sin heridas. Todas las parejas tienen heridas.

Son muchas y diversas las posibles heridas en el contexto de una relación de pareja. Las heridas de la pareja son el cúmulo de las heridas que cada uno ya trae, más las heridas que se gestan en la relación misma.

Entre las heridas más comunes de parejas están:

Infidelidad.
Desconfianza.
Celos enfermos (celotipia).
Maltrato físico.
Abuso verbal (insultos, palabras hirientes, ofensas).
Abuso emocional.
Menosprecio.

Falta de atención.
Violencia sexual.
Co-dependencias.
Adicciones.
Abandono.
Injusticia.
Rechazo.
Humillación.
Rencor.
Resentimiento.
Mentiras.

En el conjunto de las relaciones familiares, la pareja es la parte fina de la cuerda. Es la relación más frágil, la que se rompe con mayor facilidad. No existen "ex-padres", "ex-hijos"; pero sí, "ex-esposo/a", "ex-pareja".

Por su carácter de no-definitividad la relación de pareja debe ser especialmente cuidada. Será un trabajo muy arduo y de toda la vida.

La relación de pareja está llamada, en el mejor de los casos, a ser un "espacio terapéutico" de crecimiento, sanación y re-construcción personal. Si esperamos a estar completamente sanos para formar pareja, lo más probable es que nunca lo hagamos. También es cierto que debe haber al menos un mínimo de camino sanador recorrido, que pueda garantizar una relación estable y en constante sanación, maduración y crecimiento.

En la pareja se van presentando una serie de situaciones y circunstancias a las que prestaremos atención en esta segunda parte. Iremos analizando varios temas fundamentales que te ayudarán a prevenir y sanar heridas interiores en tu relación de pareja.

CAPÍTULO I
Etapas de la Relación.

La relación de pareja es un proceso. Como proceso no todo será siempre igual. En todo proceso hay etapas. En una pareja "normal" (también existe lo "a-normal") se dan dos grandes etapas: enamoramiento y amor.

El enamoramiento.

El enamoramiento es espontáneo. Según investigaciones, la etapa del "enamoramiento" suele durar entre seis meses y un año. A lo sumo, bajo ciertas circunstancias especiales, podría llegar a año y medio. Difícilmente, como etapa, supere ese umbral. Uno no elige de quien se enamora. A veces terminamos enamorándonos de la persona menos indicada en el momento más inoportuno.

A un "enamorado" nunca le preguntes qué le pasó. Simplemente, se enamoró. Un día "despertó" y cayó en la cuenta de que "ya no podría vivir sin el ser más maravilloso del universo entero". ¿Qué sucedió? La mitología antigua lo atribuirá al "flechazo de Cupido".

Antonio Gala, famoso escritor español, describe el enamoramiento, más o menos, en los siguientes términos:

En el teatro del mundo hay muchos personajes (personas), todos en la penumbra, algunos tras bambalinas. De repente, espontáneamente, sucede ante nosotros algo inaudito, especial, único: uno de los personajes da un paso al frente y es iluminado por un potente foco, mientras todo lo demás sigue en penumbras. Sólo existe esa persona. Todo lo demás es opaco, sin brillo ni colores. La persona "iluminada" ocupa y capta toda la atención, todos los desvelos; arranca todos los suspiros.

Destello, iluminación, encaprichamiento o lo que sea, el enamoramiento, etapa en la que no solemos estar en nuestros cabales, pasa. Lo iluso y mágico pasa. En el peor de los casos, el "mariposeo" del estómago podría convertirse en gastritis. La persona idealizada comienza a evidenciar sus zonas oscuras, heridas, fragilidades, limitaciones… pierde perfección y encanto, gana realismo.

El enamoramiento es el peor momento para pensar o plantearse el tema del matrimonio o la convivencia, porque estamos como hechizados por los encantos únicos y mágicos de una persona idealizada. Cuando estamos enamorados, no solemos ver las sombras, la luz es muy deslumbrante.

Por eso, mientras estés "perdidamente enamorado", sólo enamorado, no tomes decisiones definitivas, de las que te podrías terminar arrepintiendo por el resto de tu vida. El enamoramiento es una etapa para disfrutar, vivir, acoger, pero no para decidir. Quizá estés listo para tomar decisiones a futuro cuando pase el enamoramiento.

La decisión de amar.

Una vez que pasa el enamoramiento, ¿qué queda? Pues, queda ante nosotros una persona real, de carne y hueso, con luces y sombras, con virtudes, talentos y cualidades, pero también con heridas, caprichos, intereses y familia. Cuando asumimos a alguien como pareja aceptamos, de muchas maneras, a los personajes principales de la trama de su historia: su familia. Se crea un vínculo familiar ampliado. Los padres de tu pareja serán tus suegros; sus hermanos, tus cuñados; sus sobrinos empezarán a llamarte "tío"... Ahora la cuestión será:

> ¿Estás dispuesto a apostar por esa "persona real"?
> ¿Decides aceptarla y amarla tal cual es?

En caso de respuesta afirmativa, ese "sí" deberá ser renovado cada día y en cada circunstancia. El amor se decide, construye, forja y hace cada día. El amor se hace escuchando, sirviendo, estando presente, perdonando...

Hacer el amor es más que tener relaciones sexuales. Se hace el amor cada día, en todo momento, en las más diversas circunstancias. Pedirle a alguien que sea tu pareja es invitarle a que hagan el amor cada día, de todas las formas posibles. ¡Qué lejos está esto de la comprensión ordinaria de "hacer el amor"!

En la medida que "haces el amor" con tu pareja en los pequeños detalles de cada día, vas siendo "hecho por el amor".

En el sello de cada relación deberían figurar las palabras: *Made in Love*. ¡La pareja hace el amor y el amor hace la pareja!

En la relación de pareja encontramos otras etapas, en relación con los hijos (si los hubiere) y en relación con procesos internos propios de la pareja: llegada de los hijos, hijos adolescentes, nido vacío, menopausia y andropausia, vejez.

Y llegaron los hijos.

Los hijos, desde su concepción, pueden constituir una fuente de conflictos y desaveniencias en la pareja. Cuando nace el primer hijo la relación se abre necesariamente a un tercero. La madre tiende a volcarse totalmente en el hijo. El padre se siente desplazado a un segundo o tercer plano.

El proceso de la depresión post-parto y la inestabilidad de los procesos hormonales de la mujer no suelen ser bien comprendidos y aceptados por el hombre. La intimidad sexual se resiente. El deseo en la mujer se puede apagar. El hombre no se siente consentido en casa. Se puede abrir la puerta para buscar fuera la atención, escucha, acogida, comprensión e importancia que ya no se encuentra en casa.

La manera de educar, corregir y formar a los hijos puede ser otra fuente de conflictos que podría hacer tambalear la relación de pareja. Los hijos crecen y llegan a la adolescencia.

Su permanente confrontación con los roles e identidades masculinos y femeninos, expresados en las figuras de sus padres, puede montar un campo de batalla en el seno del hogar.

La confrontación de los hijos con los padres, y entre sí, puede generar contextos desagradables de inestabilidad, culpabilidad e incomprensiones en la pareja.

Síndrome del nido vacío.

Los hijos se van de casa y el nido se queda vacío. ¿Cómo vivir ahora con esta sensación terrible de soledad? Muchas parejas, cuando los hijos se van de casa, ya no saben cómo convivir y compartir la vida entre ellos. Los hijos eran el centro. Todos los temas y conversaciones giraban siempre en torno a los hijos.

Los hijos se irán, pero la pareja quedará. Por ello, la relación de pareja nunca se puede descuidar. Cultivar, mimar, proteger y alimentar la relación, con hijos o sin ellos, debe ser tarea permanente. Los hijos deben ser formados para que comprendan que sus padres tienen una relación que cuidar y fortalecer.

A efectos prácticos, ayuda que en la casa existan "santuarios" sólo para los esposos. Los hijos deben entender sus límites. Pero, antes deben entenderlos y marcarlos los padres.

La pareja con hijos necesita salir a solas de vez en cuando. Una escapadita romántica al mes no dañará a nadie y puede hacer un enorme bien a la relación y a la familia. La etapa del nido vacío puede ser fascinante o deprimente. Todo dependerá de lo que la pareja decida cuidar y cultivar antes de llegar a esa etapa.

Menopausia y Andropausia.

Con la edad llegará la menopausia (para las mujeres) y la andropausia (para los hombres). La menopausia y la andropausia suelen ocurrir entre los 45 y los 55 años de edad.

Algunos de los síntomas de la menopausia son:

Sofocos y calentones (repentinos, violentos e intensos).
Copiosa sudoración nocturna.
Retraso y cambio de intensidades en el período menstrual, hasta su completa desaparición.
Aumento de peso.
Insomnio.
Sequedad vaginal y afectiva.
Secreción o irritación vaginal que dificulta el contacto sexual.

Cambios repentinos y acentuados en el estado de ánimo.

Arrebatos de ira, irritabilidad, hostilidad, depresión, ansiedad.

Dolor frecuente y sensibilidad en los senos.

Fuertes dolores de cabeza.

Disminución del deseo sexual e incontinencia urinaria.

El hombre debería conocer este proceso y sus síntomas, para poder manejarlos con una actitud adecuada cuando se presenten. Muchos hombres se preguntan: ¿Por qué desde hace un tiempo mi mujer no me desea, no quiere que me pegue a ella en la cama, está tan hostil, irritable, ansiosa o deprimida? Si no sabe que se trata de la menopausia, podría sacar conclusiones equivocadas.

Conocer, comprender, acoger, respetar, acompañar y dialogar el proceso sería lo saludable.

En el caso de los hombres, los síntimos de la andropausia son:

Cambios frecuentes y acentuados de estados de ánimo.
Agotamiento, debilitamiento y sensación de fatiga.
Disminución del deseo sexual.
Erección flácida.
Disminución de la cantidad y presión de la eyaculación.
Aumento de peso.
Depresión.
Ansiedad.
Sudoración nocturna.
Sensación fuerte de calor en la cara.

Con frecuencia, los integrantes de la pareja viven procesos de menopausia y andropausia a la par. Esto constituye una bomba temperamental en la relación, con todas las emociones, sofocos y sensibilidades a flor de piel.

Será necesario conocer los procesos de cada uno, formarse, dialogar, escuchar, comprender, acoger.

La vejez.

La última etapa es la vejez. Enternecedora la imagen de dos ancianitos paseando tomados de la mano. ¡Qué hermoso saber madurar y envejecer juntos! Les cuento una tierna historia.

Dos ancianos viudos se conocen, enamoran y casan. Él tiene 90 años. Ella 87. Se fueron de luna de miel a París. La primera noche, cada uno se puso su pijama. Se fueron a la cama. Él sostuvo la mano de su esposa tiernamente. Acarició y besó aquella mano arrugadita. Depositó un beso en su frente. Se desearon las buenas noches y se durmieron. La segunda noche, repitieron el mismo ritual. La tercera noche de su luna de miel, él intentó sostener delicadamente la mano de ella. Ella lo rechazó suavemente, a la vez que le decía: "Mi amor, por favor, hoy no, porque me duele la cabeza".

¡Estos dos ancianos intimaban, "hacían el amor", con un simple roce de manos! En palabras del escritor uruguayo Mario Benedetti: *"Más que besarla, más que acostarnos juntos; más que ninguna otra cosa, ella me daba la mano, y eso era amor*." ¡Qué triste que haya parejas que se "destrozan" con todo tipo de posturas, intercambio de fluidos y roces, sin lograr una real, profunda y plena intimidad!

Una etapa no es ni mejor ni peor que la otra. Cada una tiene sus encantos y retos. Conoce, acoge, disfruta y/o sufre cada etapa con toda su riqueza de posibilidades. Aprende a vivir duelos de etapas. Trata de no comparar etapas. No puedes pasarte la vida con nostalgia del noviazgo o del enamoramiento, perdiéndote el encanto de tu etapa actual. ¡Vive cada momento y cada experiencia al máximo!

CAPÍTULO II
Herida de Infidelidad.

La infidelidad es una de las heridas más profundas que se puede producir en una pareja. Puede dañar, herir, lastimar y destruir todo. Vamos a entrar en la complejidad y amplitud de la infidelidad.

¿Qué es la infidelidad?

Walter Riso, en su libro *"La infidelidad es mucho más que amor"*, define la infidelidad en los siguientes términos:

"Ruptura inadecuada (deshonesta, oculta, traicionera o engañosa) de un pacto o acuerdo (tácito o explícito) afectivo, sexual, o ambas cosas, preestablecido (generalmente de exclusividad)".

La infidelidad siempre implica una traición, una "estafa afectiva", un cúmulo de mentiras y engaños. Esto es lo más doloroso: haber sido "engañado", "traicionado", "apuñalado por la espalda", por la persona que se supone camina contigo y vela por tu bienestar. ¡Duele constatar que duermes con tu enemigo!

¿Por qué engañar, mentir y traicionar deshonestamente a la persona que se "supone" amas?, ¿porque ha muerto la relación?, ¿debido a la deficiente e insuficiente intimidad sexual?, ¿problemas de comunicación?, ¿te has enamorado espontánea e irremediablemente de otra persona?

La infidelidad supone la ruptura de "algo" previamente establecido (implícita o explícitamente; expresado, documentado o dado por supuesto). Limitándonos a describir, sin emitir un juicio de valor, las prácticas, comprensiones y costumbres de las diversas culturas, así como experiencias cada vez más comunes, podríamos enumerar los siguientes tipos de pactos afectivo-sexuales:

Pactos de exclusividad total afectivo-sexual: "Yo contigo, tú conmigo y punto". Todo tercero queda excluído.

Pactos de exclusividad afectiva: "Te puedes acostar con otra persona, pero no te puedes enamorar o 'enredar' afectivamente; sólo me puedes amar a mí".

Pactos de exclusividad sexual-genital: "Te puedes enamorar de otra persona, pero sólo te puedes acostar conmigo".

Pactos de parejas swingers: "Podemos compartir sexualmente con otras parejas, pero sólo si lo hacemos juntos"; "sólo podemos si intercambiamos en un mismo espacio y a la vez".

Pactos de exclusividad grupal (en un contexto poligámico): "Sólo te puedes acostar con las mujeres de tu harén o tribu".

Pactos de discreción: "Lo puedes hacer, pero con la condición de que nadie se entere".

En la película "*Amantes de 5 a 7*", aparece una pareja de franceses, él mayor que ella, en la que el pacto de exclusividad tenía cláusula temporal: ¡ambos podían tener un *affaire*, pero sólo de 5 a 7 de la tarde! Exceder ese horario era considerado infidelidad.

En cualquiera de las situaciones, costumbres y prácticas anteriormente descritas los pactos pueden romperse, irrespetarse; y, por consiguiente, cometer infidelidad. La infidelidad es un fenómeno universal: en todas las culturas y épocas se ha dado. Según estudios estadísticos, en la actualidad más del 50% de las personas son infieles a sus parejas.

Según los psicólogos clínicos, el 70% de sus pacientes están implicados en relaciones infieles. Por supuesto que como no es "correcto" hacer alarde de la infidelidad, muchos casos (¡tal vez la mayoría!) no están considerados en esas estadísticas. En este caso, muy lamentablemente, la realidad es superior a la consideración estadística.

Falsos mitos sobre la infidelidad.

Existen muchos mitos falsos sobre la infidelidad, entre ellos:

Sólo los hombres son infieles. Esto es falso. Quizá las mujeres hagan un "trabajo sucio" más inteligente y limpio, sin dejar evidencias. Cada vez es mayor el número de mujeres que son infieles a sus parejas. Las razones que suelen llevar a las mujeres a la infidelidad, pueden ser muy diversas. Los entendidos resaltan especialmente dos: enamoramiento y/o venganza. También existen mujeres afectivamente enfermas, ninfómanas y promiscuas, que simplemente lo hacen por excitación y placer.

Se es infiel por necesidad. Falso. se es infiel por decisión, y en muchos casos, por descuido; por bajar los mecanismos de defensa y estar desprevenidos.

Quien ha sido infiel una vez siempre lo será. Conozco muchos casos de personas, hombres y mujeres, que se han circunscrito a una total y completa exclusividad de pareja después de haber sido infieles.

El hombre es infiel por naturaleza. Si así fuera, la totalidad de los hombres serían infieles; cosa que no es cierta. Hace poco leí un post de Instagram que pretendía hacer un chiste que refleja este mito. Le preguntaba la hija a su madre: "*Mami, ¿existen hombres fieles?*". La mamá constestó: "*Sí, mi niña, los fieles difuntos*". ¡Más que para reír, debería ser motivo de llorar!

No es infidelidad si no hubo sexo. También existe la infidelidad afectiva. ¡Cuántas personas casadas están enamoradas de otras personas que no son sus parejas! ¡Aunque nunca vayan más allá! ¡Quizá sólo se trate de un enamoramiento platónico!

Se es infiel porque hay problemas en el matrimonio. En la relación de pareja siempre habrá problemas, dificultades y conflictos. La infidelidad es la manera más absurda de intentar solucionarlos: no resuelve nada, lo complica todo. La infidelidad será un problema más. Quizá mucho más grave y dañino que aquellos que se busca evadir.

No seré infiel porque amo a mi pareja. En temas de fidelidad, es mejor cuidar y cuidarse. ¡Nadie está seguro! El amor ayuda, pero no es suficiente. Hay personas que amando a sus parejas han sido infieles. ¿Cómo se explica esto? Pues, muy simple: se descuidaron, jugaron con fuego y se quemaron. El amor puede ser real y a la vez inmaduro y/o enfermo. Como el amor humano no es perfecto, siempre puede tener grietas.

Toda infidelidad termina en divorcio. No necesariamente. A veces sólo llama la atención sobre "pendientes" y "puntos candentes" que deben ser trabajados con carácter de urgencia. La infidelidad puede ser el último llamado de auxilio de una relación en crisis. ¡La infidelidad puede ser un llamado de alerta urgente!

La infidelidad en secreto no daña a nadie. Termina dañando a todos, tarde o temprano. Afecta a tu relación. Te afecta a ti. Perderás la paz interior. Vivirás en la mentira. ¡Comenzarás a experimentar crecientes y alarmantes niveles de ansiedad que podrían llegar a ataques de pánico! ¡La doble vida, tener una segunda o tercera base afectiva y/o sexual lleva a la esquizofrenia!

La infidelidad ayuda a desahogarse y liberar tensiones matrimoniales. La infidelidad es una evasión muy peligrosa de la realidad y de los verdaderos problemas y conflictos. Alejandro Dumas decía que la cadena del matrimonio es tan pesada que debe ser llevada entre dos y a veces hasta entre tres o cuatro. Por supuesto que para llevar una buena relación de pareja hacen falta tres. Pero, el tercero debe ser Dios. Nunca el amante.

La infidelidad es una "herida capital" porque es "cabeza", fuente y raíz de muchas otras heridas, traumas, trastornos y males: depresión, estrés, ansiedad, angustia, incertidumbre, miedo, desconfianza, humillación, destrucción de la auto-estima y la auto-imagen... En el contexto de la relación de pareja, la infidelidad es una de las armas más letales y destructivas que existen.

Posibilitantes de la Infidelidad.

Existen varios factores que pueden despejar el camino hacia la infidelidad:

Sobrestimar el amor y creerse invulnerable. Amar no es suficiente para ser fieles. Hace falta más que amor. Nadie está exento de nada. Por ello, hemos de estar en un permanente estado de alerta.

Buscar la media naranja. Ninguna persona está hecha a la imagen y semejanza de mis necesidades, caprichos o deseos. No soy la mitad de nadie. Puedo ser un limón, pero soy un limón completo. Puedes buscar toda la vida y nunca nadie encajará perfectamente en tus esquemas.

El deseo enfermo de venganza. La venganza, el revanchismo, la ley del *talión* ("ojo por ojo y diente por diente"), no resuelve nada y lo complica y enferma todo aún más de lo que estaba. La venganza nunca es buena; en estos casos, aún peor.

Una formación cultural y familiar complaciente con la infidelidad. Los patrones familiares y culturales pueden influir mucho. Cuando se nace y crece en una "familia de infieles", se puede terminar asumiendo la infidelidad como algo "normal".

Aunque también es verdad que podría pasar lo contrario: se ha vivido tan de cerca el drama y daños de las infidelidades que uno termina rechazándolo visceral y radicalmente.

Preguntas para la reflexión:

¿Eres fiel?
¿Has sido infiel?
¿Te han sido infiel?
¿Ha habido problemas de infidelidad en tu relación actual o en pasadas relaciones?
¿Cómo te ha lastimado y herido la infidelidad?
¿Cómo has dañado a tu pareja cuando le has sido infiel?
¿Fuiste infiel y tu pareja no lo sabe?
¿Estás actualmente en una relación de infidelidad? ¿Por qué?
¿Qué buscas en otra persona que no encuentres en tu pareja?
¿Has intentado "solucionar" situaciones, problemas, conflictos y vacíos matrimoniales siendo infiel a tu pareja?
¿Hay patrones de infidelidad en tu familia?
¿Ves la infidelidad como algo "normal"?
¿Justificas la infidelidad?
¿Has sido infiel por venganza?
¿Por qué no te separas de tu pareja, en vez de serle infiel?

¿Qué pensaría, diría o haría tu pareja si se enterara de que le eres infiel?
¿Cómo dañas a tu pareja siéndole infiel?
¿Qué infidelidad te dolería más: la afectiva o la sexual? ¿Por qué?
¿Desconfías de tu pareja? ¿Por qué?
¿Tienes una relación de estricta exclusividad afectivo-sexual con tu pareja o se suelen dar ciertos permisos?
¿Prefieres ignorar la infidelidad de tu pareja? ¿Por qué?
Si confirmas que tu pareja te es infiel, ¿por qué no te separas?
¿Perdonarías una infidelidad? ¿Por qué?
¿Qué harías si descubres que tu pareja te es infiel?

Sugerencias para ser fieles.

La fidelidad sólo puede ser garantizada en la relación de pareja por medio de un conjunto de elementos afectivos, sexuales, comunicacionales, memorísticos, espirituales… Entre ellos, los siguientes:

Equilibrio entre las diversas dimensiones del amor.

Existen tres dimensiones básicas: pasión (*eros*), amistad (philia) y entrega (*ágape*). La pasión implica el fuego de la sexualidad, un deseo sexual satisfactorio adecuado a cada etapa de la relación y a los diversos procesos personales. La amistad supone confianza, complicidad, conexión emocional. La entrega conlleva sacrificio, servicio, atenciones,…

Buena comunicación.

Una buena comunicación necesita varios elementos:

1. *Considerar al otro un interlocutor válido.*
No descalificar.

No considerarme ni considerar al otro en desigualdad de condiciones.

El otro tiene derecho a sentirse como se siente.

El hecho de haber fallado no descalifica al otro para el diálogo.

2. *Escuchar sin interrumpir.*

Esté de acuerdo o no.

Me moleste o no lo que el otro exprese.

3. *Sin límite de tiempo.*

Sin prisas.

Sin mirar el reloj.

No dejar temas a media.

Darle tiempo al otro para que exprese su sentir y pensar.

4. *Sin discusión.*

No hablar cuando estén molestos.

Esperar a estar serenos y calmados.

El objetivo no es ganarle al otro.

5. *Escucha empática.*

Intentar ponerme en el lugar del otro.

Apertura a la situación del otro.

Buscar identificación afectiva.

Una buena comunicación maneja diversos lenguajes: silencios, palabras, gestos, signos, símbolos, detalles…

Permanente actitud de alerta.

La fidelidad se construye cada día, en cada pequeña circunstancia y ocasión. Nunca llegaremos a un punto en que podamos descuidarnos y despreocuparnos al respecto. Para ser fieles hay que vivir en permanente luz color ambar. Marcar con claridad los límites. A la más mínima oportunidad o insinuación: corte. Corte rápido, antes que se enganche.

Creatividad y conquista permanente.

En la relación de pareja hay que conquistarse cada día por medio de pequeños pero significativos detalles. Sorprende a tu pareja en fechas especiales. Llévale a ese restaurante que tanto le gusta. Programen y garanticen tiempo de calidad para ustedes. No dejes apagar la creatividad. Nunca es tarde para aprender cosas nuevas, hacer el viaje de sus sueños... ¡Quién no sabe sorprender gratamente a su pareja, podría terminar ingratamente sorprendido por ella!

Volver siempre al "primer amor".

Refresca con frecuencia la memoria del momento en que se conocieron. ¿Qué te enamoró de tu pareja? ¿Qué es lo que más te gusta de tu pareja? ¿Por qué se eligieron? ¿Cuál canción les trae bonitos recuerdos? ¡Que nunca se apague la memoria del enamoramiento!

Buscar ayuda para superar y sanar situaciones.

Existirán muchas situaciones que les superarán y rebasarán sus capacidades.

Una buena consejería espiritual y terapia psicológica podrían hacer mucho bien. Compartir con otras parejas experimentadas siempre será una buena opción.

Disciplina espiritual.

Esto es fundamental. Para sanar, avanzar, madurar y perseverar en la pareja, viviendo en fidelidad, es necesaria e innegociable una disciplina espiritual hecha de oración, misa y confesión. La oración debe ser personal y en pareja.

Te sugiero un esquema oracional en seis pasos: 1) preparación; 2) lectura espiritual; 3) meditación; 4) contemplación; 5) acción de gracias; y, 6) propósito.

1) Preparación.

La oración debe llegar a ser algo espontáneo (como el respirar), a modo de encuentro amistoso, sin más reglas que las propias del amor. No obstante, al principio de un itinerario orante se requiere una cierta preparación para adquirir un hábito. Esa preparación debe ser de dos tipos: remota y próxima.

Preparación remota. La preparación remota es la disposición interior con que ha de vivirse durante todo el día para facilitar el tiempo explícito de la oración cuando llegue. La oración se prepara con la vida, así como la vida de prepara, equilibra, reorienta, transforma y dispone con la oración.

El tiempo explícito de la oración, de *"estarse amando al Amado"*, del *"trato de amistad"*, del *"amar mucho"*, ha de ser deseado con *"ansias en amores inflamadas"*, como se desea ver a la persona amada, ya que *"la dolencia de amor no se cura, sino con la presencia y la figura"*.

El tiempo de oración no es un tiempo más. ¡No! Es "el tiempo". Es el espacio temporal en que todo pende de un ligero y denso lazo de amor; es el tiempo de la gracia, experiencia de salvación; es historia de salvación encarnándose y haciéndose concreta para alguien: para ti.

En esta vida, que dispone remotamente a la oración, debe cuidarse, especialmente, los sentidos externos e internos. Si vivimos dispersos, pendientes de novedades, modas, vanidades, envueltos en músicas estridentes, conversaciones morbosas e innecesarias, chismes, murmuraciones, calumnias, lecturas superficiales, difícilmente podremos "recogernos" con el Amado en silencio y soledad.

Para ser orante de veras, toda tu vida debe constituirse en una disposición para ello. Habrá cosas, gustos, deseos, apetitos y apegos que te cueste más dejar. De hecho, habrá hábitos tan arraigados en nosotros que con nuestra sola fuerza de voluntad no podremos vencer, superar, sanar. En estos casos más enraizados, será el mismo Dios (el Amado, el Amigo) quien nos vaya, en el mismo proceso de la oración, liberando. Como puedes apreciar, la oración no es cuestión de un momentito en la presencia de Dios: ¡es cuestión de toda la vida!

Preparación próxima. La preparación próxima es el tiempo intermedio entre la actividad que hacemos (trabajo, estudio, deporte, lectura, etc.) y nuestra entrada explícita a la oración. Este tiempo debe ser, por lo menos, de diez minutos. Aunque cada uno necesita más o menos tiempo (a discreción) para relajarse, soltar lo que hacía y disponerse para la oración.

Busca un ambiente adecuado, prepara un texto, escoge algún símbolo o imagen. Esto es necesario, ya que, de lo contrario, perderemos el primer tiempo de "oración" en esta necesaria preparación y disposición. Esta preparación puede hacerse en cualquier lugar de acuerdo a la sensibilidad y necesidades de cada uno. Suele ayudar mucho cambiar de lugar (con respecto a la actividad anterior) para desconectar mejor.

¡Atención! La preparación no es todavía oración. La oración comenzará con la lectura de un texto espiritual (preferiblemente bíblico, al menos a los inicios) que ha de servir de base. De hecho, una primera lectura del texto podría hacerse fuera de la oración, como preparación próxima, para ir preparando el terreno del corazón.

2) Lectura espiritual.

El acto mismo de la oración habrá de comenzar con una invocación al Espíritu Santo, sin cuya iluminación y presencia no podemos entrar en la presencia de Dios con el corazón y la mente dispuestos. Sin su presencia y auxilio ni siquiera podemos decir con unción espiritual el nombre de Jesús. El Espíritu Santo siempre debe estar implicado. Sólo quien está lleno del Espíritu puede penetrar en lo profundo de la oración. En ese sentido, dirá san Pablo: *"El Espíritu viene en ayuda de nuestra flaqueza. Como nosotros no sabemos pedir como conviene, el Espíritu mismo intercede por nosotros con gemidos indescriptibles"*(Rom 8, 26-27).

Sólo el Espíritu garantiza el diálogo entre Dios y la persona humana. ¡Toda oración cristiana es oración en el Espíritu!

La lectura es prácticamente imprescindible para los que comienzan un itinerario orante serio y sólido, ya que será el punto de partida de la reflexión con que comienza la oración.

La lectura nos dará el contenido primero de la oración. Nos pondrá en camino para pensar, imaginar, entrar en el misterio de Dios, como a tientas, con sumo tacto y delicadeza.

¡Atención!: "Nos dará el contenido primero". No todo el contenido. La lectura va a abrir el apetito, nos ayuda a establecer el contacto; después hay que dejarse sorprender, dejarse llevar.

3) Meditación.

Una vez hallado el punto de reflexión, empieza la meditación, tratando de ahondar en el sentido espiritual y la exigencia evangélica contenida en esa idea. Tener muy presente lo siguiente: no se trata de una lectura intelectual. Se trata de una lectura que despierte el amor.

Para esta meditación es recomendable "entrar en sí", "recogerse en el interior", en *"la interior bodega de mi Amado"*.

Algunas sugerencias prácticas: representa al Señor en tu interior, imagínalo, piénsalo. Podría ayudar elegir alguna escena del evangelio. Por ejemplo, imagina que tú eres la mujer samaritana, ambos están junto al pozo, percibes su mirada, le pides agua viva; contempla alguna imagen de Jesús que te ayude a recogerte y centrarte; elige alguna frase que vayas repitiendo poco a poco y lentamente, hasta asumirla, meterla dentro, hacerla tuya, muy tuya… Podrías recitar muy lentamente alguna oración, degustándola, saboreándola.

4) Contemplación.

Del diálogo con palabras hay que pasar al diálogo silencioso con el Amigo. Contemplarle, mirarle: *"Mira que te mira"*. Es el silencioso juego de las miradas de los enamorados que son confidentes. Quédate en silencio exterior e interior, pendiente sólo de los labios y mirada amorosa del Señor. Es tiempo de escucha.

5) Acción de gracias.

Haz consciencia de lo que el Señor ha obrado en ti en tu oración: de las luces y calor que te ha dado. Y agradécelo. Sería justo ser agradecidos.

6) Propósito.

No lo dejes todo en el aire (en suspenso). Hay que intentar aterrizar la experiencia y de acuerdo a lo que el Señor te ha inspirado, hacer algún propósito. Lo más importante de la oración no es mi propósito, sino su don. Siempre se derrama alguna gracia. Pero, también suele haber tarea para nosotros. Todo don de Dios, de alguna manera, llamará a alguna tarea humana. Algunas preguntas podrían ayudar: ¿a qué te invitó el Señor?, ¿cómo vas a hacerlo?, ¿qué te corresponde hacer ahora? Trata de hacer sólo un propósito. ¡Uno solo! Que sea algo muy concreto, vivible, practicable.

Este esquema puede servir tanto para la oración personal como para la oración en pareja. Si decides hacerlo en pareja, te propongo lo siguiente:

1. Elijan juntos un lugar y horario en que puedan estar tranquilos. Por lo menos media hora. Una hora completa sería ideal.
2. Si tienen la posibilidad, ambienten el lugar: música, cirios…
3. La preparación remota la irá haciendo cada uno a lo largo del día. Podría ayudar enviarse canciones, mensajitos…
4. La preparación próxima la hacen juntos.
5. Hacen juntos la lectura espiritual.
6. Cada uno medita la lectura por separado unos minutos.
7. Comparten el fruto de la meditación de cada uno.
8. Cada uno se sumerje en la contemplación.

9. La acción de gracias la hacen en común.
10. Cada uno hace un propósito personal en silencio.
11. Terminan haciendo un propósito como pareja.

Si pueden hacerlo diario sería excelente. Sugiero hacerlo con pedagogía: primero un día a la semana, luego dos días semanales, y así gradualmente.

CAPÍTULO III
Sexualidad e Intimidad.

La sexualidad se puede entender en varios sentidos:

Cromosómico (en la mujer XX y en el hombre XY).
Hormonal (en la mujer, cíclico; en el hombre, permanente).
Gonadal (gónadas masculinas: testículos; y, gónadas femeninas: ovarios).
Cerebral (configuración neurológica masculina o femenina).
Psicológico (psicología masculina, psicología femenina).
Relacional (manera de relacionarnos como hombres o mujeres).
Físico (contacto genital).

La sexualidad hace referencia a todo el conjunto de nuestras posibilidades relacionales (familiares, de pareja, laborales...). Toda relación y/o interacción humana es "sexuada", puesto que los "relacionantes" tienen una identidad y configuración sexual determinada: son hombres o mujeres.

Sexualidad: entre morbo, tabú y mística.

El abordaje de la sexualidad suele moverse en dos extremos: 1) la banalización morbosa; y, 2) la prohibición irracional. Normalmente, la sexualidad se suele "vulgarizar" o *"tabuizar"*. Lo virtuoso, sano y adecuado siempre estará en el término medio, en el equilibrio y armonización: comprender y hablar de la sexualidad con naturalidad y respeto.

En estos temas, quien se muestra puritano y escandalizado, normalmente se "quema por dentro".

La sexualidad es una de las fuerzas vitales más intensas y potentes que posee la persona humana. Intentar reprimirla es meter presión a una caldera sin válvula de escape: eso puede terminar explotando de muy mala forma.

Es el caso de Isaac. Nació y creció en el seno de una familia protestante tradicional. En familia, nunca se hablaba de sexualidad. Unos primos, menos "practicantes" y de formación moral más laxa, promiscuos y morbosos, le "abrieron los ojos". Cuando Isaac tenía 14 años de edad, los primos comenzaron a mostrarle revistas de contenido pornográfico y lo "iniciaron" en la práctica de la masturbación, la que no dejaría posteriormente aun estando casado, con tres hijos y siendo el pastor principal de su denominación religiosa.

Entre sus feligreses o en el contexto de la familia, el joven Isaac se sonrojaba con sólo leer u oír pronunciar la palabra "sexo". Cambiaba de tema, se ponía nervioso. A veces, alzaba la voz para moralizar y hacer un llamado enérgico al pudor. Luego, a solas, entraba a internet para buscar videos y ver fotos, no precisamente "pudorosos" y "devotos"; tras lo cual sucedía, inexorablemente, lo que ya era "crónica de una muerte anunciada".

Los golpes de pecho posteriores, acentuados por el peso de la vergüenza ante Dios, eran la "solución", "expiación" y "penitencia" auto-impuestos del joven líder espiritual.

Isaac había contraído matrimonio con Raquel a los 25 años de edad. Después de 10 años de matrimonio se divorciaron: la recurrente auto-satisfacción de Isaac, acompañada de su consecuente auto-

137

suficiencia y soberbia, fue el diagnóstico final de la "autopsia matrimonial".

La banalización morbosa, idiotizante y superficial de la sexualidad suele esconder problemas más profundos. Cuando lo "sagrado" y valioso se "profaniza", rutiniza y pueriliza es porque la persona podría tener profundos traumas, trastornos, heridas y vacíos sexuales y psico-afectivos.

Hay quien ve todo lo referido a "sexo", "sexualidad", como una "bendición" agradable, placentera, sabrosa; mientras, para otras personas, es algo "feo", negativo, "malo". La comprensión de la sexualidad se mueve entre lo celestial y lo infernal.

En ambientes religiosos, muchas personas perciben y viven la "sexualidad", incluso en el contexto de un matrimonio bendecido por Dios, como un "mal necesario". Así entendía la relación sexual-coital Agustín de Hipona. Para el doctor de la Iglesia, la sexualidad sólo era válida en vistas al cumplimiento del mandato divino de reproducción y multiplicación de la especie humana. Agustín tuvo muchos problemas personales y traumas en el ámbito de su sexualidad, lo que, de alguna manera, transmitió a la teología moral posterior. Esta comprensión problemática y traumática tiene un origen extra-bíblico, de carácter filosófico y religioso.

Filosóficamente, partía de la filosofía neo-platónica, según la cual, "*el cuerpo es la cárcel del alma*", y la misión humana consistiría en "matar" y "mortificar" el cuerpo, para así "liberar" al alma y que pueda regresar a su previa dimensión superior del "mundo de las ideas".

Religiosamente, Agustín, antes de su conversión al cristianismo, participaba del *maniqueísmo,* concepción religiosa, según la cual, existen dos orígenes o principios de todo lo creado (dos principios creadores): el bien y el mal. Todo lo espiritual proviene del principio del bien; mientras, todo lo corporal, procede del principio del mal. En ambas concepciones y presupuestos, lo "sexual" está directamente vinculado a lo corporal, y por consiguiente, dice relación al mal, "es malo".

Según la antropología bíblica, tanto el cuerpo como el espíritu fueron creados por Dios. Y Dios todo lo creó "bueno". Dios, en la persona del Hijo, se "encarnó", se hizo cuerpo humano. ¡Se hizo cuerpo! Eso es lo que significa la palabra "encarnación". Jesús tenía una configuración biológica-corporal y una identidad sexual determinada y definida.

En la última cena, en la noche de la verdad (la noche del amor) sabiendo que había llegado el momento, que debía partir de este mundo y regresar al Padre, Jesús nos legó su "testamento". No encontrando nada mejor que dejarnos, nos dejó su cuerpo: se quedó él mismo en su cuerpo.

Después de su crucifixión y muerte, Jesús resucitó con una identidad corporal. El cuerpo es digno de la resurrección. Pablo dirá que no sabemos cómo ocurrirá la transformación corporal. Pero, sucederá.

Así vemos que en la Biblia tenemos al menos cuatro grandes elogios y defensas de la santidad y dignidad del cuerpo humano: 1) Creación; 2) Encarnación; 3) Eucaristía; y, 4) Resurrección.

La "sexualidad", vinculada por Agustín a la corporeidad, goza de santidad, dignidad y respeto.

No olvidemos que en la Biblia existe un libro que podríamos considerar de índole "erótico-místico-nupcial": *Cantar de los Cantares.* Allí vemos dos personas, *Amado* y *Amada*, que se buscan, encuentran, aman y entregan totalmente revestidos de pasión, bañados de tierno y sentido ardor. Cuando se lee un texto del *Cantar de los Cantares* en un contexto litúrgico (misa, bodas, etc…) al final se dice: *"Palabra de Dios"*. Es decir, lo allí escrito es "palabra divina" en palabras y experiencias humanas.

No es casualidad que los grandes místicos de la Iglesia cuando "intentan" interpretar y traducir las más intensas experiencias espirituales recurran al lenguaje "erótico-nupcial". No existe otra experiencia humana más acorde e intensa.

Cuando Bernini leyó la experiencia de la "transverberación" de Santa Teresa de Jesús, la interpretó como un intenso orgasmo femenino. Y así lo plasmó en su famosa escultura de la *Transverberación.*
Timothy Radcliffe, quien fuera superior general de los dominicos, en su conferencia titulada

"*Afectividad y eucaristía*", nos comparte lo siguiente:

"*En una ocasión en que San Juan Crisóstomo estaba predicando sobre sexo notó que algunos se estaban ruborizando y se indignó: "¿Por qué os avergonzáis? ¿Es que esto no es puro? Os estáis comportando como herejes". Pensar que el sexo es repulsivo es un fracaso de la auténtica castidad y, según nada menos que Santo Tomás de Aquino, ¡un defecto moral! (II,II,142.1) Tenemos que aprender a amar como los seres sexuales y apasionados –a veces un poco desordenados- que somos, o no tendremos nada que decir sobre Dios, que es amor*".

La dimensión sexual estará siempre presente en nosotros: consciente o no, sana o enferma, cuidada o maltratada. Por lo tanto, es necesario tomar postura y acción para revisar, nombrar, asumir (aceptar) y plenificar esta dimensión tan importante de nuestras vidas personales y de pareja.

Sexualidad Herida.

La sexualidad, como cualquier otro ámbito o dimensión de la existencia, puede estar herida. Según *Unicef*, en la actualidad, 120 millones de niños y jóvenes sufren abusos y agresiones sexuales. El 75% de las agresiones proceden del entorno más cercano: padres, padrastros, tíos, hermanos, primos, abuelos, vecinos, maestros...

Un 40% de los que abusan de menores de edad, también fueron abusados sexualmente. Suele haber patrones "trans-generacionales". Téngase presente que la "realidad" siempre es superior a las estadísticas. Aún más en estos casos.

Los traumas sexuales "impactan" profunda y fatalmente a las personas ("víctimas"), causan un profundo dolor y permanecen por mucho tiempo en la memoria (de alguna manera: ¡toda la vida!).

Ante eventos sexuales traumáticos, el psiquismo actúa a través de mecanismos de defensa para poder "sobre-vivir" a la tragedia. Uno de estos mecanismos es la "disociación", que consiste en una especie de estado auto-hipnótico, rápido y eficiente, que bloqueando temporalmente la memoria busca protegernos inconscientemente de los efectos del trauma.

Algunas personas llegan a experimentar la "amnesia disociativa": incapacidad de recordar información personal importante. La disociación implica un importante y significativo bloqueo emocional. Mientras más joven es la "víctima", más profundo el estado de disociación. Por ello, cuando una persona ha sido "abusada" siendo aún muy pequeña, normalmente no recuerda el episodio, hay un espacio vacío, más bien bloqueado, en su memoria. Se oculta lo doloroso con un grueso y oscuro velo.

En unos casos, se olvida por completo la "experiencia"; en otros, podría persistir un leve y vago recuerdo. ¡Todo esto afectará posteriormente, de manera inconsciente, las relaciones sexuales en la pareja!

¡Todo "trauma" es "traumático"! No obstante, no todos los traumas sexuales son iguales. La "intensidad y significatividad traumática" depende de muchos factores: grado de intromisión, tabú, ambiente, "victimario"… La profundidad, intensidad y magnitud de los efectos de una experiencia de esta índole dependerán, en parte, de la "significatividad" del agresor. No es lo mismo que una niña sea violada por un total desconocido, que nunca antes ha visto y que jamás volverá a ver en su vida; a que lo sea por su padre. Esto último añade un *plus* de dolor, impacto, secuelas y sufrimiento. ¿Cómo se podrá volver a confiar en alguien, si la persona que estaba para cuidar y amar incondicionalmente ha hecho algo así?

Los traumas sexuales tienen muchas secuelas: trastornos, disfunciones, fobias, adicciones… Los trastornos de alimentación, como *bulimia*, *anorexia* y *obesidad*, podrían estar vinculados a traumas sexuales.

Existen dos tipos de trastornos sexuales: parafilias y disfunciones sexuales. Estos trastornos no se explican total ni exclusivamente desde los traumas y experiencias sexuales hirientes; suelen intervenir, potenciando o matizando, otros factores: formación, problemas de pareja, etc. Para que una "situación" pueda ser diagnosticada como "trastorno" necesita cumplir con dos condiciones: 1) intensas necesidades sexuales recurrentes; y, 2) fantasías sexuales excitantes por lo menos durante seis meses.

Las *parafilias* se caracterizan por una activación sexual intensa y recurrente ante objetos o situaciones. Entre las más comunes están:

Exhibicionismo. Experimentar placer debido a la exposición de los genitales a un extraño.

Fetichismo. Uso de objetos (ropa interior, zapatos...) para lograr la excitación sexual y recurrir a la práctica masturbatoria.

Frotteurismo. Contacto y roce con una persona sin su consentimiento con fines hedonistas.

Pedofilia. Actividad sexual con niños menores de 13 años. El agresor debe tener por lo menos cinco años más que el niño para que se considere pedofilia. Esta definición es de carácter psicológico-técnico. La edad a ser tomada en consideración puede variar de acuerdo a factores sociales, culturales, religiosos o jurídicos.

Masoquismo sexual. En un contexto explícitamente sexual, humillar, golpear, atar, provocar sufrimiento con fines placenteros.

Voyerismo. Observar ocultamente a otras personas desnudas o en actividad sexual, para lograr excitación sexual.

Las *disfunciones sexuales*, por su parte, se caracterizan por inhibiciones del deseo sexual y la distorsión de los ciclos sexuales (etapas del proceso) normales. Entre las más comunes están: anorgasmia, vaginismo, dispareunia (en las mujeres); disfunción eréctil y eyaculación precoz (en los hombres).

Te cuento la historia de Cecilia.

Cecilia es la primera hija de una familia integrada por papá, mamá y seis hermanos (tres mujeres y tres hombres). Familia económicamente pobre. En su casa apenas había dos habitaciones, divididas por cuasi-transparentes cortinas de tela. Las cortinas se colocaron después de nacer el tercer hijo. Hasta entonces, no había más que una habitación. Los padres de Cecilia, dada la limitación espacial y la imposibilidad de pagar algún lugar "discreto", tenían relaciones sexuales en esa habitación única, aprovechando la oscuridad de la noche y el sueño de los hijos.

Una noche, el sueño de Cecilia fue más leve. Los gemidos de sus padres le despertaron. La luna llena, cómplice entre brechas de aquella entrega nupcial, se colaba por las rendijas de las destartaladas paredes. La niña de cinco años presenció lo inaudito: ¡su papá maltratando a su mamá y forcejeando con ella! El impacto fue brutal y las consecuencias aún perduran treinta años después.

Cecilia se casó hace ocho años. Aunque lo desea, no ha tenido hijos. Tampoco se ha "consumado" (aunque sí "consumido") totalmente ese matrimonio. Cecilia padece de vaginismo: disfunción sexual caracterizada por un espasmo involuntario de la musculatura que rodea la vagina al intentar el coito y que imposibilita la penetración. ¿Causas? Entre otras, el bloqueo inconsciente de Cecilia ante cualquier situación que "reviva" en ella lo que presenció a los cinco años de edad.

Una persona abusada sexualmente puede reaccionar de dos maneras: 1) hiper-sexualizándose; o, 2) reprimiéndose.

Detrás de la "promiscuidad" se suelen agazapar traumas sexuales. La hiper-sexualidad y la adicción al sexo son efectos tan comunes como la represión. Se desarrolla un comportamiento compulsivo o adictivo intentando re-hacer, des-hacer o entender el trauma. En estos casos, después de la "tormenta", NO viene la calma, todo lo contrario: la persona se experimenta más vacía, interiormente desolada, indigna, sucia, poca cosa, fea, deplorable, una basura…

Los traumas sexuales suelen ser un criadero de fobias. Entre ellas:

Coitofobia o genofobia: el miedo a tener relaciones sexuales.

Agrafobia: miedo persistente a ser víctima de un abuso sexual.

Erotofobia: miedo a temas, preguntas y todo lo que pueda relacionarse con erotismo y/o sexualidad.

Filofobia: miedo al amor o a enamorarse.

Filematofobia: miedo a los besos.

Gimnofobia o *nudofobia*: miedo a la desnudez.

Androfobia: miedo a los hombres.

Ginefobia: miedo a las mujeres.

Todas estas fobias suelen tener sus raíces en haber sido testigos de un acto o experiencia sexual impactante de la vida real (en sí mismo o en otros), película o lectura.

Las depresiones, auto-lesiones, drogadicción, alcoholismo, incapacidad para tener y mantener relaciones de pareja sanas, estables y duraderas, son sólo algunas otras posibles consecuencias de los abusos sexuales.

La *lujuria* es otra realidad asociada a los traumas y heridas sexuales.

La *lujuria* hace del otro un simple objeto, "carne de consumo". El "lujurioso" es dominado por el impulso y deseo sexual.

Para Agustín de Hipona, la *lujuria* está más asociada al "deseo de dominar" que al "deseo sexual". Tiene que ver más con el "poder", la voluntad de ser Dios, dominarlo y poseerlo todo, que con el "sexo" en sí mismo. El máximo placer del lujurioso radica en su capacidad de doblegar, manejar, dominar al otro, utilizándolo como un vaso desechable.

Sebastian Moore también comprende la *lujuria* como una máscara del perenne deseo de ser dioses: "Yo tengo poder sobre ti, me perteneces, te poseo…". De ahí a la crueldad hay un paso ínfimo. Por eso el gran novelista ruso Fiódor Dostoievski afirmaba: "*La lujuria genera la lascivia, la lascivia la crueldad*".

No trabajada a tiempo, la *lujuria* terminará degenerando en parafilias. El "lujurioso", antes que un proscripto moral, es un enfermo afectivo-sexual. Antes que pecador, es un enfermo. Es un enfermo que peca. Un pecador que está enfermo en su sexualidad.

Muy cercana a la lujuria está la histeria sexual. El histérico busca despertar el deseo y la atracción en el otro exaltando sus atributos y dotes amatorios. Busca envolver y atrapar en sus garras. Promete mucho, cumple muy poco. Te seduce y te desecha. ¡Cuídate de los histéricos!

Una de las principales manifestaciones actuales de la afectividad y sexualidad enfermas es la adicción a la pornografía. Cada vez más parejas tienen problemas con el tema de la adicción a la pornografía. La pornografía es muy accesible. Está a la distancia de un click. La adicción a la pornografía suele tener raíces más profundas y viejas en la afectividad del adicto de lo que podemos pensar o suponer.

¿Qué se busca en la pornografía: excitación, placer sin compromiso y sin exponerse al contacto personal e interpelante de otra persona real?

La pornografía es ilusoria, irreal, falsa. Nos muestra personas de cuerpos "perfectos", con atributos sexuales y genitales extraordinarios, que sin mucho preámbulo comienzan a sostener un contacto genital prolongado, que "supuestamente" lleva al máximo placer imaginable una y otra vez… ¿Qué persona real, de carne y hueso, puede competir contra esa fábula?

El adicto a la pornografía, no tiene en cuenta que estamos ante una ficción. Se ha hecho un *casting* de miles de personas para elegir dos, de acuerdo a ciertos atributos buscados. Esos actores tienen que repetir las escenas una y otra vez. Después de muchas horas de grabación, se edita para conseguir apenas unos pocos minutos de "intensa" actividad sexual.

La pareja que ve pornografía, irremediablemente terminará confundiendo la ficción con la realidad. Comparará a su pareja "real" con los actores que suele ver. Ningún ser humano real estará jamás a ese nivel de "edición". Nadie nunca dará la talla de perfección deseada. Muchas personas dejan a sus parejas, son infieles o pagan por sexo buscando encontrar ese sumo placer, esa genital intensidad, esa ilusoria "intimidad".

Pero, mi querido/a, mírese a usted mismo/a. Póngale nombre a su situación. Sea consciente de su realidad y limitación. Usted ni con un milagro llegará a ese nivel ilusorio. Reconcíliese con su situación, viva ciertos duelos y preste atención a lo realmente importante. Dese un baño de realidad. ¡Nadie será feliz jamás fuera de lo real! ¡Sólo se puede ser feliz en la realidad!

¿Por qué necesita una pareja ver pornografía para poder excitarse? Esto es muy triste y deprimente. ¡Necesitar ver a otros intercambiar roces y fluidos para poder despertar el deseo para con tu pareja!

Muchas parejas se sirven del *Kamasutra* (libro de posturas sexuales físicas) o textos ilustrativos similares para "ser creativos" en la "intimidad" y encontrar la "pasión perdida". Lo que se le perdió no está en esas páginas. Hay que buscar en otro lugar.

Una señora me comentaba que después de una infidelidad por parte de su esposo, ella, buscando "amarrarlo", ser más creativa y lograr que él "no tuviera que buscar nada fuera", compró un libro de posturas sexuales físicas. Lo leyó ávidamente imaginándose cada escena y postura. Una noche se fueron a un hotel. Intentaron practicar con exactitud geométrica una de las posturas del libro. Después de intentar durante dos horas, buscar ángulos y ajustar extremidades, se agotaron tanto que, sin llegar a hacer nada placentero, se quedaron profundamente dormidos. ¡No consumaron pero sí se consumieron!

Una postura sexual física no calienta el alma, no enamora el corazón, no te lleva a entregar la vida. La vivencia sexual en la intimidad de la pareja es mucho más que mero contacto físico. Implica contacto emocional, espiritual, existencial, afectivo.

La carga y el contacto emocional nos diferencian de los animales. Lo emocional, consciente y reflejo, hace de nuestra sexualidad un real acto humano. No se trata de mero instinto. ¿Deseas tener un acto animal o realizar una experiencia humana?

No todo el mundo vive y experimenta la sexualidad de la misma manera. Los deseos y su expresión pueden ser más o menos intensos en las diferentes personas, edades, etapas y sexos. La vivencia de la atracción y deseo sexual es diferente en los hombres y las mujeres.

La sexualidad masculina es más instintiva, "automática", de reflejos más inmediatos. La sexualidad femenina es más emocional en sus motivaciones. El hombre puede eyacular con mero roce físico, sin implicación emocional o afectiva. Una mujer difícilmente llegará a un orgasmo si no se siente acogida, querida, deseada, amada, consentida.

Según estadísticas, más del 70% de las mujeres que viven en una relación de pareja estable nunca ha experimentado un orgasmo. Son muchos los factores que pueden explicar esta situación: formación familiar, cultural y religiosa; mitos y tabúes; heridas afectivas y sexuales; situaciones internas de la pareja como heridas, conflictos, falta de amor, ternura y comprensión... Este tema me preocupa no porque el orgasmo femenino sea, necesariamente, el fin último de la intimidad en la relación de pareja, sino por todos los factores circundantes: formación, mitos, heridas, traumas, conflictos…

El éxito de sildenafil (*Viagra*), *Cialis* y afines no es mera casualidad ni una pura cuestión de regulación del flujo sanguíneo. Las pastillas pueden ayudar a una mejor circulación del flujo sanguíneo en el órgano genital masculino o a una estimulación muscular y lubricación femenina, pero no harán fluir lo verdaderamente importante y esencial de la relación: la comunicación, el afecto, la ternura, la escucha, la comprensión, el buen trato, el amor.

Ni la pornografía, ni el *Kamasutra*, ni *Viagra* van a salvar ni sanar tu relación de pareja. ¡Hay que buscar soluciones permanentes más profundas! Un diálogo sincero, mejorar la comunicación, buscar ayuda espiritual y terapéutica, hacer un buen taller o retiro de sanación interior, sumergirte en la oración, sí te puede ayudar.

La vivencia sexual de la pareja necesariamente evolucionará. No siempre se vivirá de la misma manera, modalidad o con la misma intensidad. Habrá, o debería haber, ciertos períodos de abstinencia o "sequedad". La abstinencia podría ser necesaria-obligatoria u opcional. La abstinencia obligatoria puede ser por motivos médicos: una cirugía, un tratamiento genital que lo amerite... La abstinencia opcional podría ser por motivos espirituales, relacionales, afectivos...

A veces habrá que tomar ciertas y determinantes decisiones en lo concerniente a la pareja que demandará, idealmente, cese de la intimidad sexual. Existen decisiones para las que necesitamos la máxima claridad mental y objetividad. La intimidad sexual puede obnubilar el entendimiento, no permitirnos ver con claridad.

Si ha habido una herida afectiva en la pareja, como puede ser el caso de una infidelidad, lo recomendable sería una cierta abstinencia sexual temporal, hasta que esa herida haya sido un poco trabajada.

Una mujer no debería tener relaciones sexuales con su hombre sólo por miedo al abandono o por temor a que se busque otra. Porque entonces no habrá trascendencia en el acto, no se logrará una real y profunda intimidad. El afecto y la conexión emocional no fluirán de la manera adecuada. Luego vendrá la frustración, el vacío, la sensación de haber sido utilizada, de no ser amada.

La abstinencia sexual opcional debería ser de mutuo acuerdo. El acuerdo no tiene que ser perfecto, pero sí debería alcanzar un nivel prudente y razonable. Nadie puede obligar a su pareja, bajo ninguna circunstancia, a tener relaciones sexuales. Tampoco sería justo ni recomendable una abstinencia total decidida unilateralmente por una sola de las partes. Es necesario dialogarlo y buscar consensos.

En la pareja, todo lo referente a ambos, debe ser siempre consensuado. La pareja sexualmente sana suele dialogar sobre los diversos aspectos de su sexualidad con naturalidad y asiduidad; con claridad y caridad. La pareja necesita hablar de su sexualidad, nombrar cosas, intentar verbalizar reacciones, situaciones, frustraciones.

Para comprender situaciones y etapas en la sexualidad de tu pareja hay que hablar. Habrá buenos y malos momentos. Existirán las frustraciones. Los ritmos varían. Las necesidades cambian, evolucionan. Los humores y estados anímicos se alteran.

Los dos no estarán siempre en la misma sintonía. No se trata necesariamente de falta de amor. Podría tratarse de cualquier otra cosa. Hable, pregunte, escuche...

En cuanto a la frecuencia de las relaciones sexuales, no existen criterios universales. Ello dependerá de muchos factores: tiempo de relación, salud, presiones socio-económicas, edades, etapas, temperamentos... Cada pareja debe ir conociendo y re-definiendo sus ritmos.

Después de cuatro o cinco años de casados (de convivencia estable), una pareja que tenga uno o dos encuentros satisfactorios a la semana, se podría considerar afortunada. Aquello de que "todos los días, varias veces, durante 30 años", es absolutamente falso. En este aspecto de la vida, como en muchos otros, es más importante la calidad que la cantidad.

La vivencia sexual en la vida de pareja no puede ser dejada totalmente a la espontaneidad. Porque de manera espontánea tal vez pase mucho tiempo para que ambos coincidan en el deseo. El deseo debe ser esperado y alimentado. El deseo es don y tarea. El hombre debe conocer el proceso de la mujer y la mujer el ritmo del hombre. En este sentido deben estar atentos para ayudarse mutuamente.

Nadie es absolutamente experto en sexualidad práctica. La intimidad sexual de la pareja debe estar abierta a integrar nuevas experiencias y aprendizajes, respetando siempre el ritmo de apertura y aprendizaje del otro, sin violentar sus procesos, valores y creencias. ¡Sin prisas, pero sin pausas!

Sugerencias para una vivencia sexual plena.

1. Trabaja en la sanación interior de tus heridas sexuales y afectivas.
2. Ora tu sexualidad. Habla con Dios acerca de ella.
3. Habla con tu pareja sobre sexualidad.
4. Aprende a conocerte sexualmente: gustos, preferencias, límites…
5. Realismo. Acepta y asume realistamente tus posibilidades y procesos.
6. Duelo de etapas y ritmos sexuales.
7. Vivir sexualmente en el presente. No comparar ni estimular el recuerdo.
8. Eucaristizar la sexualidad. Para lograr una profunda intimidad hay que vivir el proceso de la celebración eucarística: canto de entrada (preámbulos, detalles, disposición…), acto penitencial (pedir perdón a la pareja y perdonarla, reconciliarse), palabra (escuchar, dialogar), ofertorio (ofréndate, entrégate), comunión (intimidad) y salida (recoger la experiencia y hacerla vida).

Preguntas para la reflexión:

¿Qué piensas del sexo y la sexualidad?
¿Quién te introdujo, teórica y prácticamente, a la sexualidad?
¿La sexualidad para ti es algo banal y morboso, de lo que sueles hablar con libertad y sin reparos; o, es un tema tabú, del que está prohibido hablar?
¿Ha habido abuso sexual en tu familia?
¿Has sufrido abuso sexual?
¿Has sido promiscuo/a? ¿Qué buscabas con ello?
¿Hay en tu familia casos de homosexualidad y/o lesbianismo?
¿Eres homosexual?
¿Has tenido alguna experiencia homosexual traumática?
¿Eres lesbiana?
¿Has tenido alguna experiencia lésbica traumática?
¿Tuviste contacto con el sexo de manera desagradable en tu niñez?
¿Cómo fue la experiencia de tu primera menstruación/eyaculación?
¿Tienes traumas y trastornos sexuales?
¿Tienes alguna *parafilia*?
¿Padeces alguna *disfunción sexual*?

¿Eres "lujurioso/a"?

Si eres mujer, ¿has experimentado el orgasmo con tu pareja?

¿Has experimentado una real intimidad en tu relación de pareja?

¿Dialogas con tu pareja acerca de sus experiencias sexuales?

¿Cuál es, cuantitativamente, su ritmo sexual?

CAPÍTULO IV
La "Noche Oscura" de las Relaciones.

En las relaciones de pareja existen "días soleados" y "noches oscuras". ¿Qué es la "noche oscura"? ¿En qué consiste la "noche oscura" de una relación?

"Noche oscura" no es una definición. "Noche oscura", para Juan de la Cruz, es un logrado y evocador símbolo. *Noche* es símbolo de crecimiento, conversión, maduración, purificación, reconstrucción, sanación, terapia…

"Noche oscura" es el proceso o camino mediante el cual somos sanados por Dios. La *Noche* es el entendimiento humano rebasado. ¡Es no ver lo evidente!

Toda pareja estable y seria, tarde o temprano, será abrasada por el fuego de la *Noche*, entrará en un proceso de purificación profunda. "Purificar" es quitar todo lo añadido, lo que sobra, para dejar sólo lo esencial, lo realmente importante. Cuando llegan estos momentos de cambio, transformación, purificación y re-educación en la pareja, no se "siente" bonito. A veces no se sentirá nada. Otras veces, dolerá el propio egoísmo y mezquindad depositado durante tanto tiempo en la relación.

La *Noche* desnudará tu relación, la pondrá en evidencia. Podrás conocer en profundidad los verdaderos cimientos de tu relación. Lograrás ver, identificar y reconocer con claridad las heridas de tu matrimonio. Mientras más oscura la "noche", más lucidez y claridad para ver lo más miserable, herido, vergonzoso y destrozado de tu relación.

Allí donde antes fluía el afecto, la caricia espontánea, la ternura, ahora no fluye nada. ¡La "nada" parece dominarlo todo! ¿Qué ha pasado? ¿Se acabó el amor? Quizá el amor esté en cura, transformación, purificación y maduración. Puede llegar un momento muy doloroso y desconcertante en que la pareja piense que llegó el final de la relación. ¿Para qué seguir juntos si la pasión ha desaparecido?

A través de la "noche oscura de la relación" tal vez Dios esté asociando tu pareja al drama de tantas parejas y matrimonios sumergidos en el desamor y la miseria. Quizá el Señor los esté capacitando para un ministerio matrimonial. ¡De la *Noche* de tu relación puede surgir su misión, servicio y vocación de pareja!

Los siete sacramentos se dividen en tres categorías: 1) sacramentos de iniciación (bautismo, comunión, confirmación); 2) sacramentos de sanación (confesión y unción de los enfermos); y, 3) sacramentos de servicio (orden sacerdotal y matrimonio).

¿Alguna vez te has planteado tu matrimonio como una vocación de servicio? La *Noche* oscura de tu relación, su dolorosa situación, dificultad y sequedad podría ser el inicio de la capacitación para esa vocación al servicio. Recuerda las palabras de Rick Warren: *"Tu ministerio más eficaz surgirá de tus heridas más profundas"*. Conozco muchos ministerios matrimoniales que han surgido de la profunda *Noche* relacional de sus fundadores.

La *noche* nos recuerda una verdad fundamental: no me sano a mí mismo. ¡Soy sanado! Somos sanados especialmente en aquellas situaciones que nos privan de nuestro control: una enfermedad, un aborto, una crisis financiera... Cada crisis en tu pareja será una oportunidad de crecimiento, sanación y liberación.

La "noche oscura" es un proceso de "hermoseamiento" de la relación. Quita todo lo que la "afea". La *noche* es un verdadero quirófano estético de la relación, que pone profundo ardor en el corazón, luz y esperanza en los ojos. La cirugía de la *noche* es profunda, pero deja la relación interiormente preciosa, madura y sana.

Pero, ¿cómo sé que no se trata simplemente de una depresión psicológica, un "bajón" anímico, un proceso hormonal (menopausia, andropausia), la tristeza y sensación de vacío normal después de la muerte de un ser querido, una herida, la marcha de los hijos?

¿Cómo sé que no se trata de mi negligencia, de una vida moralmente desordenada que me drena? ¿Cómo sé que no es simplemente la incoherencia matándome?

¿Cómo sé que no se trata de una intervención demoníaca, que no me han hecho una "brujería"?

La sequedad en la relación de pareja podría proceder de: pecados, negligencia, "tibieza", incoherencia, estado anímico, una enfermedad física, infidelidad... ¡Pero, también podría tratarse de la "noche oscura"!

Existen 4 señales para saberlo y discernirlo: 1) bloqueo mental; 2) sequedad total; 3) nostalgia de tu pareja; y, 4) entrega generosa a tu pareja.

Bloqueo mental. No puedes pensar en tu pareja, pero tampoco en ninguna otra persona que no sea ella. No es que exista alguien más que llene tus pensamientos día y noche.

Sequedad total. No experimentas afecto ni gozo con tu pareja, pero tampoco con nadie más. El gusto, el gustar, está apagado.

Nostalgia de tu pareja. Sin sentir el afecto ni pensarla de forma especialmente agradable, tal vez pensando que ya no te quiere ni le importas, la necesidad de estar al lado de tu pareja y de buscarla se hace cada vez más profunda. Deseas estar más que antes con quien está más distante que nunca. Sólo deseas estar con tu pareja, pero, afectivamente, ella parece no estar.

Entrega generosa a tu pareja. Sin pensar bonito, sin sentir bonito, te entregas más que nunca a tu pareja, le sirves como nunca antes. La *Noche* te dinamiza, te pone en movimiento, te saca de ti mismo, de tu zona de confort y te abre como nunca antes a las necesidades de tu pareja. Dios, en la *Noche*, explosiona las bases de tu egoísmo y auto-referencialidad.

Los criterios o "señales" anteriores deben darse juntos para discernir la auténtica "noche oscura". Ten presente que no en todos los casos y relaciones se manifiestan de la misma manera. Por eso habría que discernir cada caso concreto con flexibilidad. ¡Dios tiene muchos caminos!

¿Cómo sacarle provecho a los sufrimientos "inevitables" de la vida en pareja?

Muchas personas llaman "noche oscura" a toda experiencia de sufrimiento, por el simple hecho de ser sufrimiento. ¡Pero no! No todo sufrimiento es "noche oscura". ¡Pero, todo sufrimiento sí puede ser "convertido" en "noche oscura"! El sufrimiento en sí mismo no es un bien. Encontrar "placer" en el sufrimiento es enfermizo. Pero, el sufrimiento puede ser re-significado.

En una relación de pareja pueden existir sufrimientos imprevistos e inevitables, que se imponen: la muerte repentina de un ser amado, un accidente automovilístico, el fracaso de un negocio importante, la adicción de un hijo, diagnóstico de un cáncer terminal, una humillación pública, infidelidad, un aborto involuntario, una profunda depresión, una traición de alguien muy importante para nosotros, un terremoto que lo destruye todo, un potente huracán, etc…

Esas cosas no son "noche" en sentido "pasivo". Es decir, no las envía Dios. Ahora, bien, ¿podemos hacerlas "noche oscura" sanadora y transformante? ¡Sí! ¿Cómo se hace? Para hacer fructífero, cual "noche oscura", todo sufrimiento o adversidad de la pareja, hacen falta tres cosas: 1) confianza (fe); 2) aceptar que el futuro pertenece a Dios (esperanza); y, 3) decidir amar.

Confianza en Dios (fe). La "noche oscura" es escuela de confianza y abandono en las manos de Dios. Nos enseña a soltarnos. Como no tenemos el control de la situación, entregamos, conscientemente, las riendas de la vida a Dios. Decidir comenzar el proceso de sanación interior de la desconfianza está en nuestras manos.

Aceptar que el futuro pertenece a Dios (esperanza). Según estudios psicológicos, el 85% de las cosas que nos atormentan del futuro nunca suceden. Mark Twain decía: *"He sufrido muchísimas cosas en la vida. La mayoría de ellas nunca sucedieron"*. También es verdad lo contrario: nos hemos ilusionado mucho en la vida con cosas que jamás pasaron. ¿Qué nos dice esto? Que el futuro no nos pertenece. El futuro está en las manos de Dios.

Podemos pasar cuarenta años trabajando intensamente para construir la casa de nuestros sueños y de repente, en un minuto, un terremoto la hace añicos. Luchamos fuerte, día y noche, para forjar un bonito proyecto matrimonial y resulta que una infidelidad lo hecha todo por la borda. Tanto tiempo invertido en los hijos para hacer de ellos hombres y mujeres de bien y ahora todos tienen una vida desastrosa. Hemos cuidado la salud siempre con una buena alimentación, sin consumir alcohol ni fumar, régimen de ejercicios, y una súbita enfermedad lo destruye todo... y, así podrías seguir indefinidamente...

¿Significa esto que la casa, el proyecto de matrimonio, la formación de los hijos y el cuidado de la salud son cosas malas o que simplemente se deban dejar al azar? No. Sólo significa que el futuro es impredecible, siempre nos puede sorprender. No nos pertenece. Por eso hay que aprender a entregarle a Dios el futuro. Esperar en Dios. ¡Se trata de esperanza!

La esperanza no es un mero optimismo humano. Es algo más. El optimismo nos dice: "Todo estará siempre bien, todo saldrá excelente, según lo planeado". La esperanza nos dice: "Todo podrá salir mal, no salir según lo pensado y planeado, la situación puede dar un giro para mal; pero Dios está en control, tú déjate, suéltate y confía".

Decidir amar (amor). Amar es una decisión. Todos somos capaces de amar. Incluso el más herido. En medio de las adversidades, sufrimientos, imprevistos, limitaciones y heridas, puedes decidir amar a tu pareja.

¿Decidir amar a quien me ha herido? Sí. Este es el camino terapéutico de la "noche oscura" voluntaria. ¿De qué "amar" estamos hablando? Ciertamente, no de mero sentimiento.

Decidir ser amable con quien me ha herido tanto, decidir orar pidiendo cosas buenas para quien me ha lastimado,… ese, y no otro, es el camino del amor que sana.

TERCERA PARTE
EL DESPUÉS
¿Hay vida después del divorcio?

¿Hay vida después del divorcio?

Tan importante o hiriente, como el antes y el durante, puede ser el "después" de una relación. Las relaciones, de alguna manera, perduran más allá de su caducidad histórica cronológica: quedan recuerdos, perviven heridas, permanecen los hijos, si los hubiere.

Un divorcio puede ser profundamente traumático y terriblemente doloroso. Hay personas que dejan huellas; otras que legan cicatrices.

Unas relaciones pueden terminar como santuarios (recuerdos que perduran como reliquias y joyas de gran valor); otras como cementerios, donde sólo encontraremos signos de muerte.

En la actualidad, y cada vez más, es frecuente que una persona haya tenido más de una relación.

Estadísticas sobre el divorcio.

La familia se encuentra en un proceso de transformación, por lo que cada vez es más frecuente encontrar un sistema de familia re-construida, en la que al menos uno de los miembros de la pareja ha estado casado anteriormente.

Cada día se realizan en los Estados Unidos 1,300 uniones de parejas re-construidas, re-configuradas, después de un divorcio o separación. El 50% de los matrimonios termina en divorcio. El promedio de duración de un matrimonio actual es de 7 años.

El 75% de las personas que se divorcian se vuelven a casar. El 60% de las parejas en segunda unión, que tienen hijos del primer matrimonio, terminan separándose. El 50% de parejas de primera unión termina divorciándose; el 60% de segunda unión; y el 71% de tercera unión.

Un 50% de 65 millones de niños, en el mundo, menores de 13 años viven con uno solo de sus padres biológicos y su nueva pareja. El 50% de las mujeres forman parte de una familia re-constituida, como madres o con hijos de otra mujer.

Un estudio realizado por Boston University reporta que el 75% de las mujeres profesionales que contrajeron matrimonio con un hombre divorciado con hijos, afirman: *"Si tuviera que tomar de nuevo la decisión, NO me casaría con un hombre que tuviera hijos de un matrimonio anterior"*.

Investigaciones realizadas por Judith Wallerstein, psicóloga experta en temas de divorcios, reportan los siguientes datos:

El 41% de los hijos de padres separados son temerosos, agresivos, tienen baja auto-estima y presentan dificultades en su comportamiento o desempeño escolar. Sólo un 40% de los niños superan, razonable y aceptablemente, el divorcio de los padres. El 50% de las mujeres y el 30% de los hombres continúan siendo agresivos con su ex-pareja después del divorcio.

Durante el primer período del divorcio, los padres tienen menos tiempo disponible para compartir con sus hijos y están emocionalmente menos capacitados y dispuestos para apoyarlos y disciplinarlos. A esto hay que añadir, que al menos uno de los padres, por lo común, busca ganarse a su hijo, y a veces, hasta ponerlo en contra del otro, por medio de regalos y complacencias.

Para un alto porcentaje de padres separados es difícil diferenciar sus necesidades personales de las de los hijos y esto les lleva a compartir con ellos más detalles de sus vidas privadas de los que los pequeños están en capacidad de comprender y manejar. Algunos padres divorciados, intentando superar la ruptura, llevan una vida desordenada que les dificulta asumir responsablemente su rol paterno o materno, como lo hacían antes de la separación.

Principales causas del divorcio.

¿Cuáles son las principales razones del divorcio?

1. Problemas de Comunicación.
2. Las Finanzas.
3. El Abuso (verbal o físico).
4. Pérdida de la atracción.

5. Infidelidad (física o cibernética: a través de los medios y redes sociales).

Conozco personas que ya cargan en su haber más de tres o cuatro relaciones. Cada una de ellas con sus respectivos hijos y heridas. Las maletas que se cargan pueden ser muchas y de muy diversas índoles.

Cuando la otra persona ya no está, porque se ha ido, separado o muerto, ¿qué queda?, ¿gratitud, dolor, una estela de heridas, una senda de vacíos, traumas, resentimientos?, ¿hay vida después del divorcio, la separación, la viudez?

Muchas parejas no saben, no terminan de comprender y de explicarse, cómo y precisamente por qué terminó su relación. Esto se debe, en gran medida, a que tanto la unión como la separación de una pareja se explica, si es que tiene explicación lógica, desde muchos y diversos factores. A veces, las razones reales serán de todo, menos lógicas.

Muchos prefieren mantener una relación insastifactoria y deficiente en vez de declarar oficialmente el final de algo que hace tiempo murió.

¿Qué elementos y criterios deben presentarse para terminar, formal y definitivamente, una relación? Podríamos presentar varias listas. Pero, nadie puede presentar un repertorio completo. Se puede buscar consejo y orientación, pero la decisión debe ser siempre de la pareja.

Para justificar la permanencia en una relación tóxica, más de uno recurre a mitos tristemente muy difundidos:
"Todos los hombres/mujeres son iguales".
"Es mejor malo conocido que bueno por conocer".
"El amor es ciego".
"Uno no elige de quien se enamora".
"Cómo voy a quitarle el/la padre/madre a mis hijos".
"Hay que ser conforme con la voluntad de Dios".
"Podría ser peor".
"El amor todo lo puede".
"Si lo/la amo debo aceptarlo/a como es".
"El sufrimiento es la medida del amor"…

¡Qué tétrico, lúgubre, triste e infeliz sumario! ¡Qué letanía de estupideces y aberracionales relacionales!

Con frecuencia, para justificar la separación, se suelen alegar razones no más inteligentes, brillantes y supuestamente diplomáticas:
"No eres tú, soy yo".
"Démonos un tiempo".
"Te dejo porque sólo te hago daño y no te merezco".
"Tú mereces alguien mejor que yo".

Un post de Instagram que acabo de leer nos ofrece una invitación menos amable: "*Vete al carajo. Ah, no, perdón: tu feliz ausencia representaría para mí un exquisito triunfo.*" Lo mejor es ser claros y valientes.

¿Qué hacer después del divorcio?

Será necesario poner un fin claro a la relación que terminó. No hay nada peor que vivir en una permanente incertidumbre y duda de si seguir o no, re-intentarlo o no, de si se terminó de manera definitiva o estamos solo ante una pequeña y temporal ruptura más. El lenguaje de los símbolos podría ayudar para cerrar el círculo, para culminar la etapa. Una carta de despedida, quemar, regalar, devolver o romper cosas, cerrar puertas...

Cuando termina una relación, después del debido duelo, es necesario evaluar y hacer síntesis, agradeciendo lo bueno y trabajando lo negativo.

El duelo, la evaluación y la síntesis deben hacerse en soledad relacional. Dicho de otro modo: debes estar solo mientras vives y sufres tu proceso de duelo relacional.

Si el proceso te lleva años, entonces, ese deberá ser el tiempo prudencial de tu soledad relacional. Para abrirte a una nueva etapa, a otra posible pareja, es justo y necesario, que hayas cerrado la etapa anterior, haberte dado el tiempo suficiente y necesario para vivir tu duelo y realizar la sanación interior.

Terminar una relación es una magnífica oportunidad para una revisión vital profunda. ¡Aprovecha esta oportunidad para re-inventarte!

Lo más probable es que necesites ayuda espiritual y/o terapéutica para vivir tu proceso de duelo. Estás tan implicado/a en la trama afectiva que difícilmente tendrás objetividad para evaluar la relación que ha terminado.

Tu próxima pareja, si fuere el caso, no merece que la aturdas y enfermes con el peso de las maletas de la anterior relación.

Renuncia a echarle toda la culpa a tu expareja. Renuncia a ver sólo lo negativo y enfermo de esa persona y relación. ¡Algo bueno habrá tenido! Céntrate en tu sanación. Lo que debe ocuparte es tu proceso. No puedes dar prioridad al proceso del otro. Debes soltarlo.

Si aún perduran temas en común: hijos, negocios, casa… hay que establecer derechos, deberes y límites muy claros. Tu eres quien primero debes respetar esos límites. Si tienen hijos en común, no olvides que quien se separa eres tú, no tus hijos. Ese vínculo permanecerá siempre. Es más saludable para los hijos, o menos enfermo, que sus padres se hayan divorciado con dignidad y respeto; a que subsistan en una "relación" enferma, tóxica, hiriente, en la que el reconocimiento de la dignidad del otro brille por su ausencia.

> ¡Es preferible estar separados en la verdad que unidos en la mentira!

No se puede optar por la separación y el divorcio por cualquier nimiedad, pero tampoco se puede permanecer en una parodia de relación a cualquier precio. ¿Te separaraste?, ¿te divorciaste? Por un lado lo lamento mucho, pero por otro, quizá deba felicitarte. En todo caso, te acompaño en tu sentimiento, sea cual sea.

Con la separación, llega un tiempo especial para ti. Un tiempo de soledad, de presencia, de sanación interior profunda. Revisa tus cimientos, tu esencia, tu historia. Redescubre quién eres, de dónde vienes, re-define hacia dónde vas. Aprovecha para conocerte mejor, invertir tiempo de calidad en ti. ¡Disfrútate! Y lo más importante, re-encuéntrate con Dios. Él te regala este tiempo. Este momento de soledad es una gracia. No le tengas miedo a la soledad. Muchas personas prefieren mantenerse en una relación enferma por miedo a la soledad. Tarde o temprano nos encontraremos "a solas" con nuestra soledad. Si por la inconsciencia y la búsqueda permanente de ruidos y gratificaciones logramos evitarla, evadirla, durante la "vida" (aunque nunca del todo); nos estará esperando siempre en el rostro de la "muerte". Una diferencia notable entre un sabio y un insensanto es que el sabio disfruta la soledad, mientras el insensato busca eludirla haciéndose acompañar por cualquiera.

La soledad puede ser fascinante, deliciosa, exquisita, suave, delicada, serena, camino de comunión profunda y trascendencia; puede ser "buena". Pero, no menos cierto es que la soledad también puede ser destructiva, triste, amargada, dolorosa, enfermiza, cruel, despiadada. Encuéntrale el rostro amable a tu soledad.

Se nos suele formar para la "compañía", casi nunca para la soledad, para aprender a estar, a gusto, con nosotros mismos. Nada prepara y dispone tanto a una verdadera y significativa presencia, como la soledad.

¡Quien sabe estar a solas, sabrá estar acompañado! Quien no sabe estar a solas consigo mismo puede hacer y hacerse mucho daño, utilizando a otra persona como "tapadera" del hueco profundo de su soledad.

La soledad es parte de la existencia humana. No podemos "disolvernos" en los otros, por medio de una "unión" total. Reconciliarnos con la soledad será una fructífera terapia existencial. Sólo así se puede ahondar en la esencia de lo humano.

En síntesis:

1. Vive el proceso de duelo.
2. Haz evaluación y síntesis de lo positivo y lo negativo.
3. Aprovecha para encontrarte contigo, en soledad.
4. Ocúpate en tu proceso de sanación interior.
5. Re-define tus prioridades.
6. Aprovecha para profundizar en tu relación con Dios.

¿Cómo sabes que ya estás preparado/a para una nueva relación?

Podemos señalar algunos criterios básicos de discernimiento:

1. Ya no tienes la esperanza de volver con tu anterior pareja.
2. Los temas afectivos comunes están cerrados.
3. Tu anterior pareja, sus conductas y decisiones, ya no tiene el poder de controlar tus emociones y cambiar tu estado anímico.
4. No persigues obsesivamente a tu ex a través de redes sociales.
5. No te molesta que tu ex haya comenzado una nueva relación.
6. No vives con nostalgia de tu anterior relación.
7. Te sientes a gusto contigo mismo y te has reconciliado con tu soledad.

CONCLUSIÓN

¿Ahora qué sigue? Sugiero varias cosas:

1. Hacer síntesis. ¿Qué descubriste en cada una de las partes de este libro?
2. Tomar decisiones. ¿Qué harás con eso que descubriste?
3. Dialoga con tu pareja acerca de esos descubrimientos. Si estás divorciado, separado o viudo, dialógalo con Dios, con tu guía espiritual y/o terapeuta.
4. Busca la ayuda necesaria, cualificada y adecuada para tu proceso: guía espiritual, terapia psicológica…
5. Pasar a la acción. No bastan las buenas intenciones. Debes hacer algo.
6. Diseña un pequeño programa espiritual. Si no sabes cómo, busca ayuda.
7. Ten paciencia. ¡Sin prisas, pero sin pausas!
8. Confía en el Señor.